세상에서 제일
친절한
엑셀
매크로&VBA

박재영 지음

HB 한빛미디어
Hanbit Media, Inc.

지은이 박재영

서울대학교 독어교육과를 졸업하고 경영학(마케팅) 석사학위를 취득했다. 엑셀 관련 도서를 집필하였으며 엑셀 VBA를 활용한 중소기업 대상 솔루션 제작 컨설턴트로 활동했다. 엑셀 강좌 웹사이트(www.ozjin.com)를 운영하고 있으며, 2006년 마이크로소프트 공인 엑셀 MVP에 선정되었고, 조선닷컴 교육 센터 등에서 많은 엑셀, VBA 강좌와 세미나를 개최했다. 현재 SK텔레콤에 근무하고 있다. 주요 저서로 《세상에서 제일 친절한 엑셀》(2017, 한빛미디어), 《일머리가 좋아지는 엑셀》(2011, 한빛미디어), 《누구도 알려주지 않은 마케팅을 위한 엑셀》(2005, 삼양미디어)이 있다.

박재영의 엑셀강좌 | www.ozjin.com
이메일 | krazy@ozjin.com

세상에서 제일 친절한 엑셀 매크로&VBA

초판 1쇄 발행 2020년 01월 06일
초판 2쇄 발행 2023년 09월 26일

지은이 박재영 / **펴낸이** 김태헌
펴낸곳 한빛미디어(주) / **주소** 서울시 서대문구 연희로2길 62 한빛미디어(주) IT출판1부
전화 02-325-5544 / **팩스** 02-336-7124
등록 1999년 6월 24일 제25100-2017-000058호 / **ISBN** ISBN 979-11-6224-253-7 13000

총괄 배윤미 / **책임편집** 장용희 / **기획편집** 박지수
디자인 표지 최연희, 내지 박정화 / **전산편집** 김보경
영업 김형진, 장경환, 조유미 / **마케팅** 박상용, 한종진, 이행은, 김선아, 고광일, 성화정, 김한솔 / **제작** 박성우, 김정우

이 책에 대한 의견이나 오탈자 및 잘못된 내용에 대한 수정 정보는 한빛미디어(주)의 홈페이지나 아래 이메일로
알려주십시오. 잘못된 책은 구입하신 서점에서 교환해 드립니다. 책값은 뒤표지에 표시되어 있습니다.

한빛미디어 홈페이지 www.hanbit.co.kr / 이메일 ask@hanbit.co.kr

지금 하지 않으면 할 수 없는 일이 있습니다.
책으로 펴내고 싶은 아이디어나 원고를 메일(writer@hanbit.co.kr)로 보내주세요.
한빛미디어(주)는 여러분의 소중한 경험과 지식을 기다리고 있습니다.

저자 머리말

진정한 엑셀 전문가를 꿈꾸는 사람들에게!

여러분은 지금 엑셀을 얼마나 활용하고 있나요? 엑셀 사용자 대부분이 함수, 차트, 표 등 기본 기능만으로 작업하고 있습니다. 물론 이런 기본 기능만으로도 웬만한 작업은 가능합니다. 하지만 엑셀에는 기본 기능 외에도 엄청난 기능이 있습니다. 바로 VBA(Visual Basic for Applications)입니다. VBA란 엑셀, 파워포인트, 워드, 액세스 등 오피스에서 사용하는 프로그래밍 언어입니다. VBA를 이용해 업무를 자동화한다면 여러분의 작업 능률이 훨씬 향상될 것입니다.

실제 업무에 필요한 자동화 기법을 친절히 설명합니다.

이 책은 VBA에 관한 기초지식 없이도 차근차근 따라 하면서 빠르게 업무에 적용할 수 있도록 구성되어 있습니다. 기초와 실무 적용 방법은 물론, 알고리즘에 대한 이해를 돕는 다이어그램, 플로차트, 코드에 대한 구체적인 설명과 예제로 독자 여러분들의 이해를 돕고자 하였습니다. 이 책은 필자의 다년간 업무와 강연 경험을 통해 철저히 실무 중심으로 구성되었으므로 학습 내용을 실무에 접목해나간다면 여러분도 곧 엑셀 전문가의 길을 걷게 될 것입니다.

엑셀 하나로 독자님의 영원한 친구가 되어드리겠습니다.

누구나 초보자 시절이 있습니다. 필자도 시행착오를 거치며 일일이 수작업을 했던 시절이 있었습니다. 하지만 지금은 이런 경험을 바탕으로 엑셀 전문가가 되었고, 여러분과 지식을 공유하고자 홈페이지 강좌를 운영하고 있습니다. 엑셀 기본과 VBA를 포함한 고급 기법까지 책으로 이해되지 않거나 작업에 어려움이 있다면 www.ozjin.com에 방문해 질문해주세요. 모든 질문에 성의껏 답변하겠습니다.

엑셀은 기본 기능만 익혀도 엄청난 경쟁력이 됩니다. 하지만 직장이나 조직에서 진정한 프로로 성장하고자 한다면 VBA를 배울 것을 권합니다. 이 책으로 VBA 기초를 다지고 나름대로 업무에 적용해 노하우를 익히면 언젠가는 여러분도 엑셀 전문가가 될 것입니다. 끝으로 이 책을 출판할 수 있도록 도움을 준 박지수 대리를 비롯한 한빛미디어 직원 여러분에게 감사합니다. 또한 www.ozjin.com 회원들과 항상 저에게 힘이 되어주는 가족들에게 고마움을 전합니다.

2019년 12월
박재영

이 책의 구성

세상에서 가장 친절한 구성으로 엑셀 매크로&VBA를 가장 쉽게 배워보세요! 술술 읽히는 설명과 업무에 적용 가능한 예제와 함께 하면 어려웠던 엑셀 매크로&VBA를 금방 극복할 수 있습니다!

엑셀 매크로와 VBA를 왜 배워야 할까?

엑셀에서 함수, 차트, 피벗 테이블 등의 기능만 알아도 어지간한 작업은 다 처리할 수 있습니다. 그런데 왜 매크로와 VBA를 이해야 하는지 질문을 많이 받습니다. 이유는 간단합니다. 반복되는 엑셀 작업을 훨씬 빠르고 효율적으로 자동화할 수 있기 때문입니다.

그럼 매크로와 VBA의 차이는 무엇일까요? 매크로가 마우스, 키보드로 작업하는 동작을 기록하고 필요할 때마다 같은 작업을 반복하는 기능이라면, VBA는 엑셀의 특정 작업을 프로그래밍 언어로 작성하고 필요할 때 실행하면 프로그래밍된 절차에 따라 자동으로 작업하는 기능입니다.

예를 들어 주, 월간 단위로 실적을 집계할 때 해당 작업을 매크로로 기록한 후 매크로를 실행하면 동일한 작업을 자동으로 끝낼 수 있습니다. 하지만 모든 작업을 매크로로 기록하기는 어렵습니다. 예를 들어 1부터 10까지 숫자를 각각의 셀에 입력하는 작업은 매크로로 기록하기는 쉽지만 1부터 1,00,000까지는 작업을 매크로만으로 기록하기는 힘들겠지요. 이때 VBA를 사용하면 코드 몇 줄만으로 터 1,000,000까지 입력할 수 있습니다.

이처럼 매크로가 반복 작업을 한 번의 매크로 기록으로 자동화한다면, VBA는 반복하기 어려울 때 프로그래밍으로 업무를 자동화합니다. 앞으로 VBA 언어에 대해 많이 CHAPTER에서는 VBA를 배우기 전 매크로가 VBA와 어떤 관계가 있는지 알아보고, 정, 실행하는 방법을 실습하겠습니다.

시작하기

각 CHAPTER를 시작하기 전 어떤 기능을 배울지, 어떤 업무에 활용할 수 있을지 가볍게 알아봅니다.

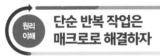

단순 반복 작업은 매크로로 해결하자

매크로란 무엇인가?

컴퓨터 용어에서 매크로는 여러 개의 명령을 기억해 하나의 단축키로 실행하는 기능을 의미합니다. 한글, 엑셀, 워드 등 대부분의 오피스 프로그램에는 매크로 기능이 있습니다. 따라서 주기적으로 반복하는 작업을 매크로를 사용하면 편리합니다.

엑셀의 매크로 기능은 워크시트에서 마우스나 키보드로 작업한 내용이 그대로 기록됩니다. 복잡한 작업도 매크로로 기록하면 언제든 단축키를 눌러 반복 실행할 수 있습니다. 이런 식으로 매크로 기록을 잘 활용하면 업무를 쉽게 자동화할 수 있습니다.

예를 들어 [Sheet1], [Sheet2], [Sheet3] 세 개의 시트가 있는 엑셀 문서를 작업한다고 가정해보겠습니다. 시트마다 [A1:A3] 셀 범위에 TV, 세탁기, 냉장고 품목명을 일일이 입력해야 한다면 [Sheet1] 시트를 선택하고 [A1] 셀부터 아래 방향으로 TV, 세탁기, 냉장고를 각 셀에 입력합니다. 그 다음 [Sheet2], [Sheet3] 시트에서도 동일하게 작업합니다. 반면 매크로 기능을 활용하면 [Sheet1] 시트에서 입력 작업을 기록하고, [Sheet2]와 [Sheet3] 시트에서 각각 매크로를 실행해 간단하게 TV, 세탁기, 냉장고를 각 셀에 입력할 수 있습니다.

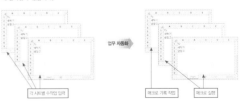

원리이해

엑셀 매크로&VBA와 관련된 가장 기초적인 엑셀 원리를 친절하고 쉬운 설명으로 배울 수 있습니다.

기능실습

앞에서 배운 간단한 이론 설명을 예제 파일을 활용해 학습하면서 실력을 더욱 향상해보세요.

친절한 POINT NOTE

엑셀 전문 저자의 친절한 이론에 더해 알아두면 더욱 좋은 내용을 꼼꼼하게 담았습니다.

본격실습

[원리이해]에서 학습한 이론과 실습을 바탕에 두고 응용 가능한 작업을 예제 파일을 통해 심화 학습할 수 있습니다.

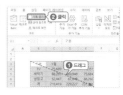

핵심 실무 학습 혼자 해보기

배운 내용을 응용해 직접 따라 해볼 수 있습니다. 별도로 복습할 필요 없이 학습점검의 내용을 충실하게 처리하며 엑셀 매크로&VBA 기술을 자기 것으로 만들 수 있습니다.

친절한 엑셀의 더 친절한 구성

세상에서 제일 친절한 엑셀의 [원리이해], [기능실습], [본격실습]과 [학습점검]은 물론, 독자 여러분의 이해를 더욱 쉽게 도와줄 다양한 구성으로 더 이상 골치 아프게 매크로와 VBA를 배우지 않아도 됩니다! 코드와 해설을 읽기만 해도 어느새 엑셀 고수가 될 것입니다!

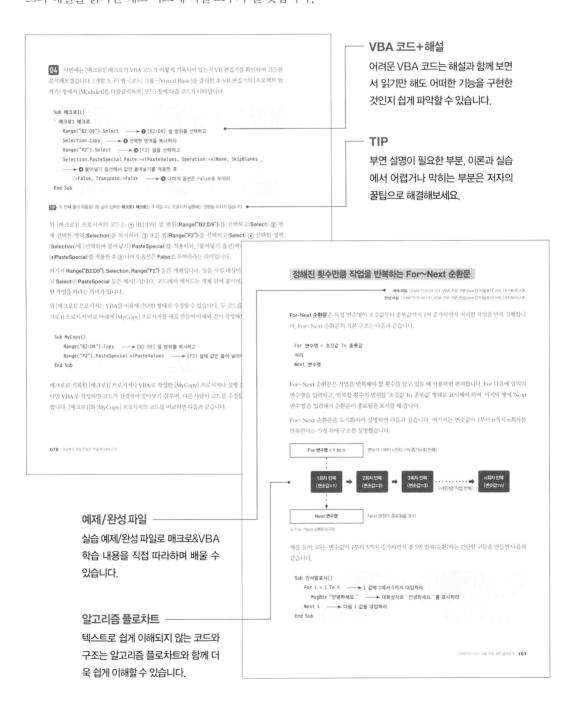

04 이번에는 [매크로1] 매크로의 VBA 코드가 어떻게 기록되어 있는지 VB 편집기를 확인하여 코드를 분석해보겠습니다. [개발 도구] 탭-[코드] 그룹-[Visual Basic]을 클릭한 후 VB 편집기의 [프로젝트 탐색기] 창에서 [Module1]을 더블클릭하면 [코드] 창에 다음 코드가 나타납니다.

```
Sub 매크로1()
' 매크로1 매크로
    Range("B2:D9").Select      → ❶ [B2:D9] 셀 범위를 선택하고
    Selection.Copy             → ❷ 선택한 영역을 복사하라
    Range("F2").Select         → ❸ [F2] 셀을 선택하고
    Selection.PasteSpecial Paste:=xlPasteValues, Operation:=xlNone, SkipBlanks _
         → ❹ 붙여넣기 옵션에서 값만 붙여넣기를 적용한 후
    :=False, Transpose:=False  → ❺ 나머지 옵션은 False로 두어라
End Sub
```

TIP 두 번째 줄의 따옴표(')의 같이 입력된 매크로1 매크로는 주석입니다. 프로시저 실행에는 영향을 미치지 않습니다.

위 [매크로1] 프로시저의 코드는 ① [B2:D9] 셀 범위(Range("B2:D9"))를 선택하고(Select) ② 현재 선택한 영역(Selection)을 복사하라, ③ [F2] 셀(Range("F2"))를 선택하고(Select) ④ 선택한 영역 (Selection)에 [선택하여 붙여넣기](PasteSpecial)를 적용하되, [붙여넣기] 옵션에 (xlPasteSpecial)를 적용한 후 ⑤ 나머지 옵션은 False로 두어라라는 의미입니다.

여기서 Range("B2:D9"), Selection, Range("F2") 등은 개체입니다, 일을 시킬 대상이 고 Select나 PasteSpecial 등은 메서드입니다, 코드에서 메서드는 개체 뒤에 붙이며, 면 작업을 하라는 의미가 됩니다.

위 [매크로1] 프로시저는 VBA를 이용해 간단한 형태로 수정할 수 있습니다. 두 코드를 크로1] 프로시저 바로 아래에 [MyCopy] 프로시저를 새로 만들어 아래와 같이 작성해

```
Sub MyCopy()
    Range("B2:D9").Copy               → [B2:D9] 셀 범위를 복사하고
    Range("F2").PasteSpecial xlPasteValues  → [F3] 셀에 값만 붙여 넣어라
End Sub
```

매크로로 기록한 [매크로1] 프로시저나 VBA로 작성한 [MyCopy] 프로시저나 실행 다만 VBA로 작성하면 코드가 간결하여 알아보기 쉬우며, 다른 사람이 코드를 수정할 합니다. [매크로1]와 [MyCopy] 프로시저의 코드를 비교하면 다음과 같습니다.

078 세상에서 제일 친절한 엑셀 매크로&VBA

VBA 코드+해설

어려운 VBA 코드는 해설과 함께 보면서 읽기만 해도 어떠한 기능을 구현한 것인지 쉽게 파악할 수 있습니다.

TIP

부연 설명이 필요한 부분, 이론과 실습에서 어렵거나 막히는 부분은 저자의 꿀팁으로 해결해보세요.

정해진 횟수만큼 작업을 반복하는 For~Next 순환문

● 예제 파일 CHAPTER 04\01_VBA 주요 구문.xlsm [인사말표시] 시트, [숫자표시] 시트
완성 파일 CHAPTER 04\01_VBA 주요 구문_완성.xlsm [인사말표시] 시트, [숫자표시] 시트

For~Next 순환문은 특정 변수명이 초깃값부터 종뮷값까지 1씩 증가하면서 처리할 작업을 반복 실행합니다. For~Next 순환문의 기본 구조는 다음과 같습니다.

```
For 변수명 = 초깃값 To 종뮷값
처리
Next 변수명
```

For~Next 순환문은 작업을 반복해야 할 횟수를 알고 있을 때 사용하면 편리합니다. For 다음에 임의의 변수명을 입력하고, 반복할 횟수의 범위를 '초깃값 To 종뮷값' 형태로 표시해야 하며, 마지막 행에 'Next 변수명'을 입력해서 순환문이 종료됨을 표시해 줍니다.

For~Next 순환문을 도식화하여 설명하면 다음과 같습니다. 여기서는 변수값이 1부터 n까지 n회차를 반복한다는 가정 하에 구조를 설명했습니다.

```
For 변수명 = 1 to n    변수가 1부터 n까지 1씩 증가(n회 반복)
```

```
1회차 반복        2회차 반복        3회차 반복     ·········     n회차 반복
(변숫값=1)   →   (변숫값=2)   →   (변숫값=3)                  (변숫값=n)
                        (n회만큼 작업 반복)
```

```
Next 변수명        Next 문장이 종료됨을 표시
```

▲ For~Next 순환문의 구조

예를 들어, i라는 변숫값이 1부터 5까지 증가하면서 총 5번 반복(순환)하는 간단한 구문을 만들면 다음과 같습니다.

```
Sub 인사말표시()
    For i = 1 To 5    → i 값에 1에서 5까지 대입하라
        MsgBox "안녕하세요."    → 대화상자로 '안녕하세요.'를 표시하라
    Next i            → 다음 i 값을 대입하라
End Sub
```

CHAPTER 05 | VBA 주요 구문 살펴보기 | **101**

예제/완성 파일

실습 예제/완성 파일로 매크로&VBA 학습 내용을 직접 따라하며 배울 수 있습니다.

알고리즘 플로차트

텍스트로 쉽게 이해되지 않는 코드와 구조는 알고리즘 플로차트와 함께 더욱 쉽게 이해할 수 있습니다.

예제/완성 파일 다운로드

이 책에서 사용하는 모든 예제/완성 파일은 한빛출판네트워크 홈페이지에서 다운로드할 수 있습니다. 한빛출판네트워크 홈페이지는 검색 사이트에서 **한빛출판네트워크**로 검색하여 접속하거나 인터넷 브라우저 주소 입력란에 **www.hanbit.co.kr**을 입력해 접속합니다.

01 한빛출판네트워크 홈페이지에 접속합니다. 오른쪽 아래에 있는 [자료실]을 클릭합니다.

02 ① 검색란에 **친절한 엑셀**을 입력하고 ② [검색]을 클릭합니다. ③《세상에서 제일 친절한 엑셀 매크로&VBA》도서가 나타나면 [예제소스]를 클릭합니다. 다운로드한 예제 파일을 압축 해제해 사용합니다.

빠르게 다운로드하기
단축 주소 www.hanbit.co.kr/src/10253으로 접속하면 바로 예제 파일 다운로드 페이지로 이동합니다.

목차

CHAPTER 01 엑셀 매크로 시작하기

CHAPTER 04   VBA 주요 구문 살펴보기

목차

CHAPTER 06   엑셀 VBA 개체 모델

엑셀 매크로
시작하기

엑셀 매크로와 VBA를 왜 배워야 할까?

엑셀에서 함수, 차트, 피벗 테이블 등의 기능만 알아도 어지간한 작업은 다 처리할 수 있습니다. 그런데 왜 매크로와 VBA를 익혀야 하는지 질문을 많이 받습니다. 이유는 간단합니다. 반복되는 엑셀 작업을 훨씬 빠르고 효율적으로 자동화할 수 있기 때문입니다.

그럼 매크로와 VBA의 차이는 무엇일까요? 매크로가 마우스, 키보드로 작업하는 동작을 기록하고 필요할 때마다 같은 작업을 반복하는 기능이라면, VBA는 엑셀의 특정 작업을 프로그래밍 언어로 작성하고 필요할 때 실행하면 프로그래밍된 절차에 따라 자동으로 작업하는 기능입니다.

예를 들어 주, 월간 단위로 실적을 집계할 때 해당 작업을 매크로로 기록한 후 매크로를 실행하면 동일한 작업을 자동으로 끝낼 수 있습니다. 하지만 모든 작업을 매크로 기록하기는 어렵습니다. 예를 들어 1부터 10까지 숫자를 각각의 셀에 입력하는 작업은 매크로로 기록하기는 쉽지만 1부터 1,000,000까지 입력하는 작업을 매크로만으로 기록하기는 힘들겠지요. 이때 VBA를 사용하면 코드 몇 줄만으로 간단하게 1부터 1,000,000까지 입력할 수 있습니다.

이처럼 매크로가 반복 작업을 한 번의 매크로 기록으로 자동화한다면, VBA는 반복 작업을 기록하기 어려울 때 프로그래밍으로 업무를 자동화합니다. 앞으로 VBA 언어에 대해 많이 다루겠지만, 이번 CHAPTER에서는 VBA를 배우기 전 매크로가 VBA와 어떤 관계가 있는지 알아보고, 매크로를 기록, 저장, 실행하는 방법을 실습하겠습니다.

단순 반복 작업은 매크로로 해결하자

원리 이해

매크로란 무엇인가?

컴퓨터 용어에서 매크로는 여러 개의 명령을 기억해 하나의 단축키로 실행하는 기능을 의미합니다. 한글, 엑셀, 워드 등 대부분의 오피스 프로그램에는 매크로 기능이 있습니다. 따라서 주기적으로 반복하는 작업은 매크로를 사용하면 편리합니다.

엑셀의 매크로 기능은 워크시트에서 마우스나 키보드로 작업한 내용이 그대로 기록됩니다. 복잡한 작업도 매크로로 기록하면 언제든 단축키를 눌러 반복 실행할 수 있습니다. 이런 식으로 매크로 기록을 잘 활용하면 업무를 쉽게 자동화할 수 있습니다.

예를 들어 [Sheet1], [Sheet2], [Sheet3] 세 개의 시트가 있는 엑셀 문서를 작업한다고 가정해보겠습니다. 시트마다 [A1:A3] 셀 범위에 **TV, 세탁기, 냉장고** 품목명을 일일이 입력해야 한다면 [Sheet1] 시트를 선택하고 [A1] 셀부터 아래 방향으로 TV, 세탁기, 냉장고를 각 셀에 입력합니다. 그 다음 [Sheet2], [Sheet3] 시트에서도 동일하게 작업합니다. 반면 매크로 기능을 활용하면 [Sheet1] 시트에서 입력 작업을 기록하고, [Sheet2]와 [Sheet3] 시트에서 각각 매크로를 실행해 간단하게 TV, 세탁기, 냉장고를 각 셀에 입력할 수 있습니다.

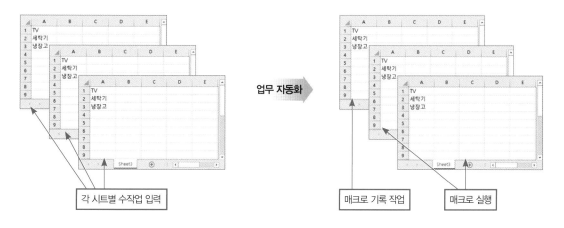

녹음기로 녹음하듯 매크로로 작업 과정을 기록한다

엑셀의 매크로 기록은 녹음기의 원리와 비슷합니다. 트럭을 몰고 다니며 과일을 파는 사람은 "과일이 왔습니다. 배는 한 상자에 3만 원, 사과는 2만 원입니다"라고 직접 외치는 대신 한 번 녹음한 것을 반복해서 사용합니다. 한 번 녹음한 음성은 과일 값이 변하기 전까지는 그대로 사용하죠. 이 경우의 녹음 과정을 한 번 생각해보겠습니다.

> **작업 1 :** 녹음기의 녹음 버튼을 누르고 "과일이 왔습니다. 배는 한 상자에 3만 원…"을 녹음합니다.
> **작업 2 :** 멈춤 버튼을 누르면 녹음이 완료됩니다.
> **작업 3 :** 어느 동네에 가더라도 재생 버튼만 누르면 "과일이 왔습니다…"라는 음성이 나옵니다.

엑셀에서 매크로를 기록하고 작동하는 과정도 이와 비슷합니다. 앞에서 살펴본 **TV, 세탁기, 냉장고**를 워크시트에 입력하고 서식을 설정하는 작업을 살펴보겠습니다.

> **작업 1 :** 매크로 기록을 시작하고 워크시트의 [A1:A3] 셀 범위에 각각 **TV, 세탁기, 냉장고**라고 입력한 후 글꼴 크기를 13pt, 글꼴은 굴림체로 설정합니다.
> **작업 2 :** 매크로 기록을 중지합니다. 매크로 기록이 엑셀에 저장됩니다.
> **작업 3 :** 다른 워크시트에서 기록된 매크로를 실행하면 '작업 1'의 내용이 동일하게 적용됩니다.

위 작업을 매크로로 기록하고, 저장한 후 실행되는 모습은 다음과 같습니다.

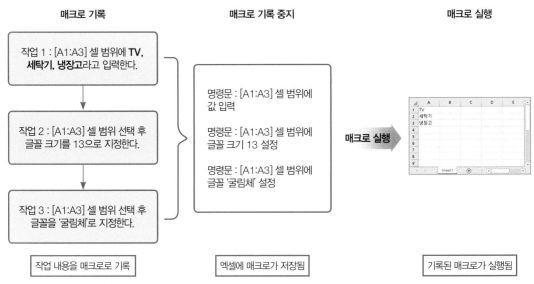

▲ 매크로를 기록하고 기록된 매크로를 실행하는 과정

매크로는 항상 워크시트에서 기록합니다. 이렇게 기록한 매크로는 언제든지 필요할 때 다른 워크시트에서 실행할 수 있습니다.

01 먼저 엑셀에서 매크로나 VBA 기능을 사용하려면 리본 메뉴에 [개발 도구] 탭을 표시하도록 옵션을 설정해야 합니다. 새 엑셀 문서를 열고 ① [파일] 탭을 클릭한 후 ② [옵션]을 클릭합니다.

02 [Excel 옵션] 대화상자가 나타나면 ① [리본 사용자 지정]을 클릭합니다. ② [리본 메뉴 사용자 지정] 목록에 있는 [개발 도구]에 체크 표시한 후 ③ [확인]을 클릭합니다.

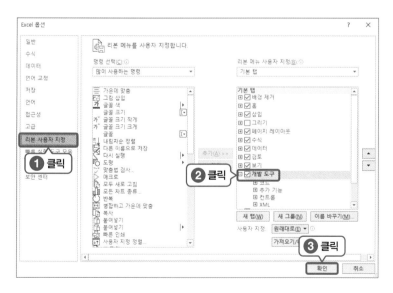

TIP 엑셀 2007 버전에서는 [Office 단추]-[Excel 옵션]을 클릭하고 [기본 설정]에서 [리본 메뉴에 개발 도구 탭 표시]에 체크 표시한 후 [확인]을 클릭하면 리본 메뉴에 [개발 도구] 탭이 추가됩니다.

03 리본 메뉴에 [개발 도구] 탭이 나타납니다.

매크로와 보안 수준

엑셀의 매크로 보안 수준 기본값은 엑셀 버전에 따라 [높음] 혹은 [모든 매크로 제외]로 설정되어 있습니다. 이 설정으로는 엑셀에서 매크로를 사용할 수 없으므로 매크로를 활용하기 위해 매크로 보안 수준을 수정하여 엑셀 매크로 파일(.xlsm 파일 형식)이 열릴 수 있도록 설정합니다.

01 [개발 도구] 탭-[코드] 그룹-[매크로 보안]을 클릭합니다.

TIP 버전에 따라 [코드] 그룹 대신 [컨트롤] 그룹인 경우도 있습니다.

02 [보안 센터] 대화상자에서 ① [매크로 설정]을 클릭하고 ② [매크로 설정]의 [모든 매크로 제외(알림 표시)]를 클릭한 후 ③ [확인]을 클릭합니다.

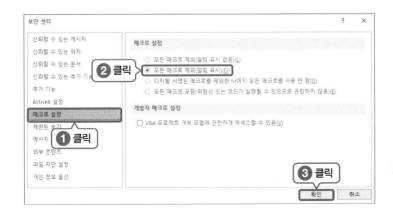

TIP [파일]-[Excel] 옵션-[보안 센터]를 선택하고 [보안 센터 설정]을 클릭해도 됩니다.

이런 보안이 설정된 이유는 매크로, VBA 코드가 포함된 엑셀 파일이 바이러스에 감염될 우려가 있기 때문입니다. 그렇다고 바이러스가 무서워 VBA 코드가 들어 있는 엑셀 파일을 사용하지 않는다면 구더기가 무서워서 장을 못 담그는 것과 똑같습니다. 바이러스는 엑셀 문서 외의 다른 경로를 통해서도 감염될 가능성이 큽니다. 따라서 별도의 백신 프로그램을 사용해 감염에 미리 대비하는 것이 바람직합니다.

보안 수준을 [낮음] 혹은 [모든 매크로 포함]으로 사용하는 경우도 있지만 '권장하지 않음'이라는 설명처럼 필자도 보안 수준을 낮추는 것을 권장하지 않습니다. 적어도 엑셀을 사용한다면 엑셀 파일에 매크로가 포함된 문서인지 아닌지 정도는 알고, 신뢰할 수 있는 경우에만 사용해야 합니다.

기능 실습 　 매크로 기록하기

이제 본격적으로 새 문서에서 매크로를 기록하는 방법에 대해 알아보겠습니다. 작업 도중 매크로 기록이 필요한 시점에 매크로를 기록하면 됩니다.

01 　 새 문서를 열고 [개발 도구] 탭–[코드] 그룹–[매크로 기록]을 클릭합니다.

02 　 [매크로 기록] 대화상자가 나타납니다. 처음 기록하는 ① [매크로 이름]에는 Macro1 혹은 매크로1이 기본값으로 설정되어 있습니다. 적당한 이름을 입력합니다. 여기서는 임의로 **지점명입력**을 입력해보겠습니다. ② [바로 가기 키]에는 매크로가 실행될 단축키를 입력합니다. j를 입력합니다. ③ [확인]을 클릭하면 매크로 기록이 시작됩니다.

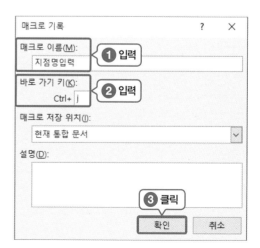

03 메뉴의 [매크로 기록]이 [기록 중지]로 바뀌고 좌측 하단도 기록 중지 아이콘으로 바뀝니다. 지금부터 워크시트에서 키보드와 마우스로 하는 모든 작업이 매크로로 기록됩니다.

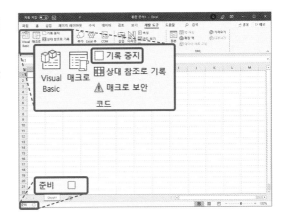

04 ① [C2] 셀을 클릭하고 [C5] 셀까지 차례대로 **강동지점, 강서지점, 강남지점, 강북지점**을 Enter 를 누르며 입력합니다. 마지막에 [C5] 셀에서 Enter 를 눌러 셀 포인터가 [C6] 셀에 위치하도록 하고 ② [개발 도구] 탭−[코드] 그룹−[기록 중지]를 클릭합니다. 매크로 기록이 완료됩니다.

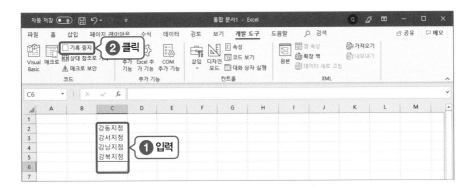

05 [개발 도구] 탭−[코드] 그룹−[매크로]를 클릭합니다. [매크로] 대화상자에 [지점명입력] 매크로가 기록된 것을 확인할 수 있습니다.

[매크로 기록] 대화상자 알아보기

① **[매크로 이름]** : 매크로를 구분하기 위한 이름을 입력합니다.

TIP 매크로 이름의 첫 글자는 반드시 한글 또는 영문으로 시작합니다. 매크로 이름은 문자, 숫자, 언더바(_)를 최대 255자까지 사용할 수 있고 공백(띄어쓰기), ?, % 같은 기호나 특수 문자를 사용할 수 없습니다. 매크로 이름은 어떤 매크로인지 이해하기 쉽게 단어의 첫 문자를 대문자로 적거나 언더바를 입력(CountryName1 혹은 country_name_1)해서 띄어쓰기 대신 사용합니다.

② **[바로 가기 키]** : 매크로를 바로 실행하기 위한 단축키입니다. 소문자 i를 입력하면 워크시트에서 Ctrl + I 를 누릅니다. 이때 Shift 를 눌러 대문자 I을 입력하면 Ctrl + Shift + I 을 눌러야 합니다. 바로 가기 키는 꼭 지정하지 않아도 됩니다.

③ **[매크로 저장 위치]** : 기록할 매크로가 저장될 위치입니다. 보통 [현재 통합 문서]를 선택합니다. [새 통합 문서]로 선택할 경우 매크로를 기록할 새 엑셀 파일이 열립니다. [개인용 매크로 통합 문서]를 선택하면 기록한 매크로를 모든 엑셀 파일에서 사용할 수 있으며, 이 경우 특수한 경로에 PERSONAL. XLSB라는 파일로 저장됩니다.

④ **[설명]** : 매크로 이름만으로 어떤 기능인지 유추하기 힘든 경우에 매크로 기능의 상세한 설명을 입력해 두면 좋습니다.

⑤ **[확인]** : 클릭하면 바로 매크로 기록이 시작됩니다.

앞에서 기록한 [지점명입력] 매크로가 들어 있는 문서를 .xlsm 파일 형식으로 저장하고 열어보겠습니다. 매크로를 기록하거나 VBA 코드를 작성한 엑셀 파일을 저장할 때는 반드시 파일 형식을 .xlsm으로 지정해야 합니다.

01 앞에서 워크시트에 기록한 [C2:C5] 셀 범위에 입력된 지점명은 모두 지웁니다. ① [파일] 탭에서 [다른 이름으로 저장]–[찾아보기]를 클릭합니다. ② [다른 이름으로 저장] 대화상자에서 [파일 이름]에 임의의 이름을 입력하고 [파일 형식]을 [Excel 매크로 사용 통합 문서]로 지정한 후 ③ [확인]을 클릭합니다.

친절한 POINT NOTE | 일반 엑셀 문서와 엑셀 매크로 문서

일반적인 엑셀 파일은 .xls나 .xlsx 확장자를 사용하는데, 매크로를 기록했거나 VBA 코드를 작성한 파일의 확장자는 .xlsm입니다. 매크로를 포함한 형태로 파일을 저장할 경우 [저장] 대화상자에서 [파일 형식]을 [Excel 매크로 사용 통합 문서]로 반드시 선택해 저장합니다. 간혹 .xlsx로 저장된 엑셀 파일을 불러와 매크로를 기록하거나 VBA 코드를 작성한 후 .xlsm으로 저장하면 같은 폴더에 동일한 이름을 가진 엑셀 파일

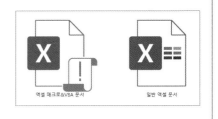

엑셀 매크로&VBA 문서 / 일반 엑셀 문서

두 개가 존재하게 됩니다. 하지만 아이콘을 자세히 살펴보면 서로 다른 모양을 하고 있으므로 쉽게 구분할 수 있습니다.

매크로 실행하기

예제 파일 CHAPTER 01\01_지점명입력_매크로기록.xlsm
완성 파일 CHAPTER 01\01_지점명입력_매크로실행.xlsm

예제 파일을 엽니다. 문서가 열리면 워크시트 상단에 다음과 같이 '매크로를 사용할 수 없도록 설정했습니다.'라는 보안 경고 메시지가 나타납니다. [콘텐츠 사용]을 클릭하면 해당 엑셀 파일에서 매크로를 사용할 수 있습니다.

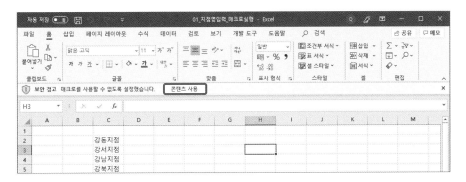

TIP 매크로를 사용하지 않으려면 경고 메시지의 가장 오른쪽에 있는 ☒를 클릭합니다. 한 번 실행한 매크로 엑셀 파일은 매크로를 별도로 수정하지 않는다면 다음에 다시 열 때 경고 메시지가 나타나지 않습니다.

엑셀 문서에 어떤 매크로가 기록되었는지 확인하려면 [개발 도구] 탭-[코드] 그룹-[매크로]를 클릭하거나 Alt + F8 을 눌렀을 때 나타나는 [매크로] 대화상자에서 확인합니다. 매크로를 실행하는 방법에는 바로 가기 키, [매크로] 대화상자, 도형 버튼, 양식 컨트롤, ActiveX 컨트롤 등이 있습니다. 차례대로 알아보겠습니다.

01 **바로 가기 키 누르기 :** [C2:C5] 셀 범위를 선택한 후 Delete 를 눌러 삭제합니다. 바로 가기 키로 지정된 Ctrl + J 를 누르면 [지점명입력] 매크로가 실행됩니다.

	A	B	C	D	E	F	G
1							
2			강동지점				
3			강서지점				
4			강남지점				
5			강북지점				
6							Ctrl + J
7							
8							
9							

TIP 매크로의 바로 가기 키를 확인하려면 Alt + F8 을 눌러 [매크로] 대화상자를 열고 [옵션]을 클릭해서 [매크로 옵션] 대화상자의 [바로 가기 키] 입력란에 표시된 내용을 확인합니다.

02 **[매크로] 대화상자에서 선택해 실행하기** : [개발 도구] 탭–[코드] 그룹–[매크로]를 클릭하면 [매크로]
대화상자가 나타납니다. ① [매크로] 대화상자에서 [지점명입력] 매크로를 클릭한 후 ② [실행]을 클릭합
니다.

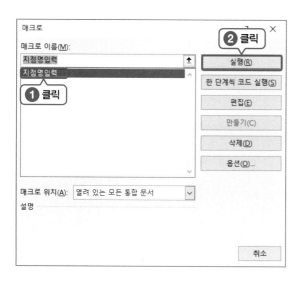

03 **도형으로 매크로 실행 버튼 만들기** : ① [삽입] 탭–[일러스트레이션] 그룹–[도형]–[직사각형 ▭]을
클릭한 후 ② 직사각형을 시트에 삽입합니다. ③ 직사각형에 **누르세요**라고 텍스트를 입력한 후 ④ 마우스
오른쪽 버튼으로 클릭하고 ⑤ [매크로 지정]을 클릭합니다. ⑥ [매크로 지정] 대화상자에서 [지점명입력]
매크로를 클릭한 후 ⑦ [확인]을 클릭합니다. 도형으로 만든 [누르세요] 버튼을 클릭하면 매크로가 자동
으로 실행됩니다.

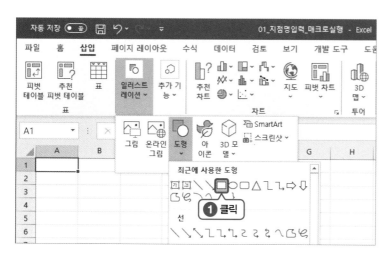

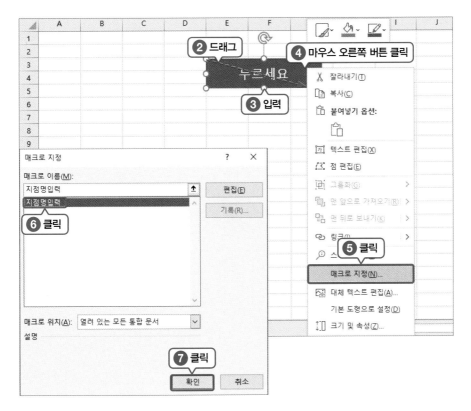

> **TIP** 삽입한 도형을 더블클릭하면 도형 안에 텍스트를 입력할 수 있습니다. 셀과 마찬가지로 자유롭게 텍스트 서식을 설정할 수 있습니다.

04 **양식 컨트롤 활용하기** : [개발 도구] 탭–[컨트롤] 그룹–[삽입]–[양식 컨트롤] 항목의 [단추(양식 컨트롤)▢]를 선택합니다.

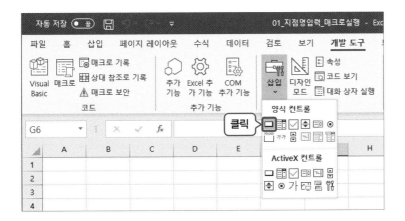

① [단추]를 시트에 삽입합니다. 바로 [매크로 지정] 대화상자가 나타납니다. ② [매크로 이름]의 [지점명
입력] 매크로를 클릭한 후 ③ [확인]을 클릭합니다. 워크시트에 생성된 [단추 1]을 클릭하면 [지점명입력]
매크로가 실행됩니다.

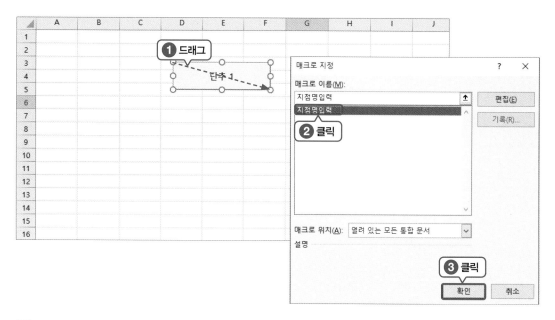

TIP 양식 컨트롤 항목을 마우스 왼쪽 버튼으로 클릭하면 지정된 매크로가 실행됩니다. 편집을 위해 선택하려면 마우스 오른쪽 버튼으로 클릭
합니다. 단축 메뉴에서 [텍스트 편집]을 클릭하면 내용을 편집할 수 있고, [매크로 지정]을 클릭하면 지정된 매크로를 변경할 수 있습니다. 서식은
[컨트롤 서식]에서 설정합니다.

05 **ActiveX 컨트롤 활용하기 :** ActiveX 컨트롤 활용은 VBA 코드에서 사용하는 기능으로 간단히 알아
보겠습니다. [개발 도구] 탭–[컨트롤] 그룹–[삽입]을 클릭하고 [ActiveX 컨트롤]–[명령 단추(ActiveX
컨트롤)▢]를 워크시트에 삽입합니다. 삽입한 [CommandButton1]을 더블클릭하면 VB 편집기가 나
타납니다. 코드 창에서 처리구문으로 ① **Call 지점명입력**이라고 입력하여 코드를 한 줄 추가합니다. ②
VB 편집기 창을 닫습니다.

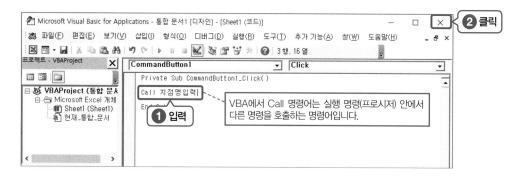

③[개발 도구] 탭-[컨트롤] 그룹-[디자인 모드]를 클릭하여 디자인 모드를 해제합니다.

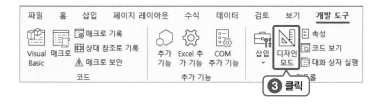

절대 참조와 상대 참조

본격
실습

앞에서 기록한 [지점명입력] 매크로는 어떤 시트에서 실행하더라도 [C2:C5] 셀 범위에 네 개의 지점명이 자동으로 입력됩니다. 현재 셀 포인터 위치에 상관없이 고정된 위치에 입력되는 '절대 참조'로 기록되어 있기 때문입니다. 반면에 현재 셀 포인터의 위치를 기준으로 작업을 기록하는 '상대 참조' 방법도 있습니다. 상대 참조를 사용하면 셀 주소가 아닌 현재 셀 포인터 위치를 기준으로 이동 범위와 작업 내용이 기록됩니다.

필자가 회사에서 각 지점별 목표와 실적 관리를 담당할 때는 관련 문서를 작성하려면 전국에 있는 17개 지점명을 시트에 일일이 기록해야 했습니다. 반복 업무를 피하기 위해 각 지점명을 상대 참조 매크로로 기록했습니다. 예를 들어 [5월 지점별 실적] 시트를 작성하는 경우 문서 최상단에 제목을 입력하고 상대 참조로 기록한 매크로를 실행하면 자동으로 제목 셀 아래로 두 칸을 내려가서 17개의 지점명이 자동으로 입력되도록 기록한 것입니다. 이처럼 매크로 기능을 활용하면 단순한 반복 작업을 쉽게 자동화할 수 있습니다.

STEP 01 상대 참조로 매크로 기록하기

완성 파일 CHAPTER 01 \ 02_상대참조.xlsm

01 새 통합 문서를 열고 [개발 도구] 탭-[코드] 그룹-[상대 참조로 기록]을 클릭합니다.

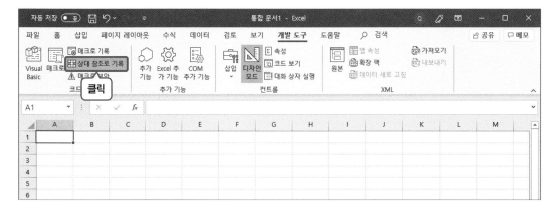

TIP [상대 참조로 기록]이 선택되지 않은 상태에서 매크로를 기록하면 절대 참조로 기록됩니다.

02 ① [C2] 셀을 클릭하고 ② [개발 도구] 탭-[코드] 그룹-[매크로 기록]을 클릭합니다. ③ [매크로 기록] 대화상자에서 [매크로 이름]에 **지점명입력2**를, [바로 가기 키]에 **k**를 입력하고 [매크로 저장 위치]는 [현재 통합 문서]를 선택합니다. [설명]에는 **지점명입력을 상대참조로 기록**이라고 입력한 후 ④ [확인]을 클릭합니다.

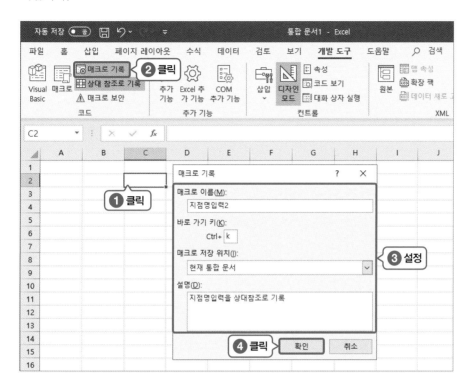

03 ① ↓를 두 번 누르고, →를 한 번 누릅니다. 셀 포인터가 [D4] 셀에 위치합니다. ② [D4] 셀에 **강동지점**을 입력하고 Enter 를 누릅니다. 동일한 방식으로 [D5] 셀부터 [D7] 셀까지 **강서지점, 강남지점, 강북지점**을 각각 입력한 후 Enter 를 눌러 셀 포인터가 [D8] 셀에 위치하도록 합니다. ③ [개발 도구] 탭-[코드] 그룹-[기록 중지]를 클릭합니다.

완성 파일 CHAPTER 01 \ 03_상대참조실행.xlsm

앞에서 상대 참조로 기록한 [지점명입력2] 매크로를 실행해보면서 절대 참조로 기록한 매크로와 작동 방식이 어떻게 다른지 알아보겠습니다. 완성 파일을 열어 실행해도 되고 방금 작업한 문서에서 바로 실행해도 됩니다. 우선 [D4:D7] 셀 범위에 입력된 내용을 삭제합니다.

01   [A1] 셀에 셀 포인터가 위치한 상태에서 [지점명입력2] 매크로를 실행합니다. [A1] 셀에서 두 셀 아래, 한 셀 오른쪽에 위치한 [B3] 셀부터 **강동지점**이 입력되고, [B6] 셀까지 각 지점명이 입력되며, [B7] 셀에 셀 포인터가 위치합니다.

	A	B	C	D	E	F	G	H
1		매크로 실행						
2								
3		강동지점						
4		강서지점						
5		강남지점						
6		강북지점						
7								
8								
9								
10								
11								

TIP [지점명입력2] 매크로는 바로 가기 키로 지정한 Ctrl + K 를 눌러 실행해도 되고, [매크로] 대화상자에서 [지점명입력2] 매크로를 선택하여 실행해도 됩니다.

02   이번에는 [D3] 셀을 현재 셀로 선택한 상태에서 [지점명입력2] 매크로를 실행해보겠습니다. 이 경우 [D3] 셀보다 두 셀 아래, 한 셀 오른쪽에 위치한 [E5] 셀에서 시작해 [E5:E8] 셀 범위에 각 지점명이 입력되고 [E9] 셀에서 매크로가 종료됩니다.

	A	B	C	D	E	F	G	H
1								
2								
3		매크로 실행						
4								
5					강동지점			
6					강서지점			
7					강남지점			
8					강북지점			
9								
10								
11								

이처럼 상대 참조로 기록할 경우에는 현재 셀 기준으로 상대적 위치를 찾아 매크로를 실행하게 됩니다.

여러 가지 매크로 기록하기

본격
실습

특정 셀 또는 셀 범위를 선택하는 것은 모든 작업의 기초로 가장 빈번하게 사용합니다. 특정 셀 범위를 선택하는 작업을 엑셀 매크로로 기록해보겠습니다. 셀 범위를 선택하는 작업은 추가로 서식을 설정하거나 분석 도구를 사용하는 상황에서 매우 유용하게 활용할 수 있습니다.

STEP 01 · 셀 범위 선택하기

예제 파일 CHAPTER 01\04_매크로_셀범위선택.xlsm
완성 파일 CHAPTER 01\04_매크로_셀범위선택_완성.xlsm

01 예제 파일을 불러옵니다. ① [A1] 셀이 선택된 상태에서 [개발 도구] 탭-[코드] 그룹-[매크로 기록]을 클릭합니다. [매크로 기록] 대화상자의 ② [매크로 이름]에 **범위선택**을 입력하고 ③ [확인]을 클릭합니다.

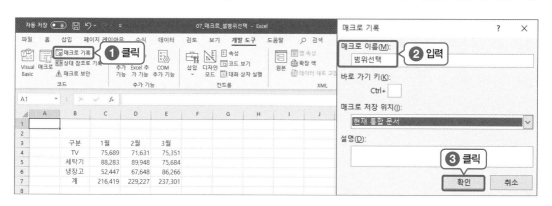

02 ① [B3:E7] 셀 범위를 드래그하여 선택합니다. ② [개발 도구] 탭-[코드] 그룹-[기록 중지]를 클릭합니다.

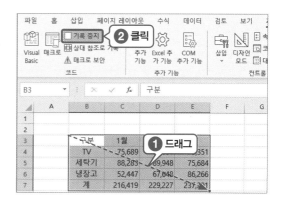

03 ① [삽입] 탭-[일러스트레이션] 그룹-[도형]-[직사각형☐]을 클릭한 후 ② 직사각형을 시트에 삽입하고 **범위 선택하기**를 입력합니다. ③ 도형에서 마우스 오른쪽 버튼을 클릭하고 ④ [매크로 지정]을 클릭합니다. ⑤ [매크로 지정] 대화상자에서 [범위선택] 매크로를 클릭하고 ⑥ [확인]을 클릭합니다. [범위 선택하기]를 클릭하면 [B3:E7] 셀 범위가 선택됩니다.

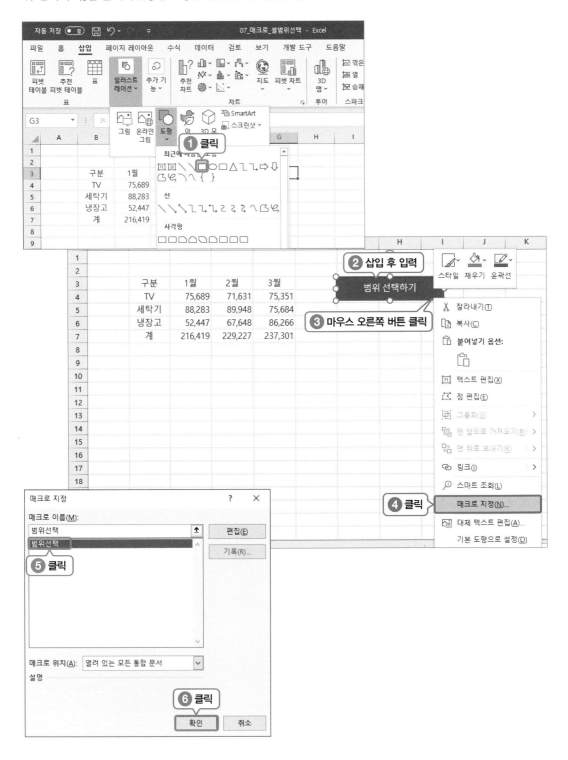

굵은 글꼴 지정하기

예제 파일 CHAPTER 01\05_매크로_굵은글꼴.xlsm
완성 파일 CHAPTER 01\05_매크로_굵은글꼴_완성.xlsm

이번에는 특정 셀 범위를 선택한 후 해당 셀 범위의 글꼴을 굵게 지정하는 작업을 매크로로 기록해보겠습니다. 예제 파일을 엽니다.

01 ① [A1] 셀이 선택된 상태에서 [개발 도구] 탭-[코드] 그룹-[매크로 기록]을 클릭합니다. ② [매크로 기록] 대화상자의 [매크로 이름]에 **굵은글꼴**이라고 입력하고 ③ [확인]을 클릭합니다.

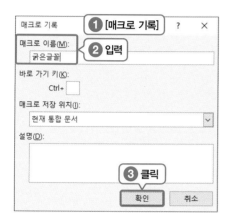

02 ① [B3:E3] 셀 범위를 선택한 후 ② [홈] 탭-[글꼴] 그룹-[굵게 **가**]를 클릭합니다.

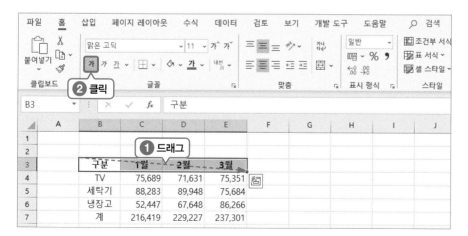

03 [개발 도구] 탭-[코드] 그룹-[기록 중지]를 클릭합니다.

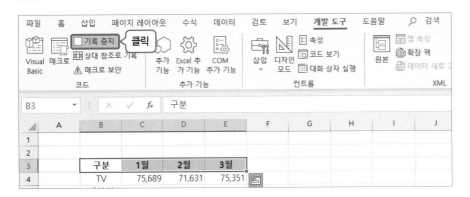

04 ① 다른 예제와 동일한 방법으로 **굵은글꼴 지정하기** 도형을 삽입합니다. ② 도형을 선택한 상태에서 마우스 오른쪽 버튼을 클릭하고 [매크로 지정]을 클릭합니다. [매크로 지정] 대화상자에서 ③ [굵은글꼴] 매크로를 클릭하고 ④ [확인]을 클릭합니다. ⑤ [B3:B7] 셀 범위를 선택하고 Ctrl + B 를 눌러 [굵게]를 해제합니다. [굵은 글꼴 지정하기]를 클릭하면 [B3:B7] 셀 범위의 글꼴이 다시 굵게 지정되는 것을 알 수 있습니다.

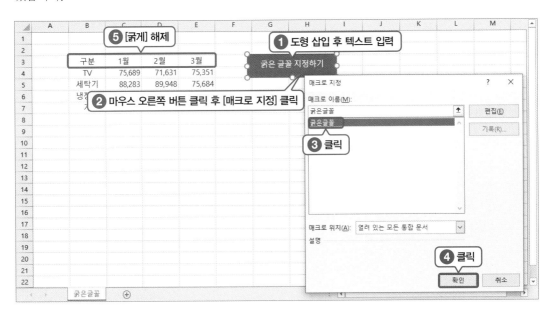

핵심 실무 학습 혼자 해보기

예제 및 완성 파일 CHAPTER 01\학습점검.xlsm, 학습점검_완성.xlsm

01 [범위 선택하기]를 클릭하면 [B2:E8] 셀 범위가 선택되는 매크로를 기록해보세요.

	A	B	C	D	E	F	G	H	I
1									
2		구분	상반기	하반기	증감율				
3		CPU	69,994	79,009	12.9%		범위 선택하기		
4		RAM	61,771	68,572	11.0%				
5		HDD	43,229	41,067	-5.0%				
6		Power	52,613	57,324	9.0%				
7		Mouse	71,847	72,426	0.8%				
8		합계	299,454	318,398	6.3%				
9									

02 [파란색 지정하기]를 클릭하면 [E2:E8] 셀 범위의 글꼴 색을 파란색으로 바꾸는 매크로를 기록해보세요.

	A	B	C	D	E	F	G	H	I
1									
2		구분	상반기	하반기	증감율				
3		CPU	69,994	79,009	12.9%		파란색 지정하기		
4		RAM	61,771	68,572	11.0%				
5		HDD	43,229	41,067	-5.0%				
6		Power	52,613	57,324	9.0%				
7		Mouse	71,847	72,426	0.8%				
8		합계	299,454	318,398	6.3%				
9									

03 [기울임꼴 지정하기]를 클릭하면 [B8:E8] 셀 범위의 글꼴을 기울임꼴로 바꾸는 매크로를 기록해보세요.

	A	B	C	D	E	F	G	H	I
1									
2		구분	상반기	하반기	증감율				
3		CPU	69,994	79,009	12.9%		기울임꼴 지정하기		
4		RAM	61,771	68,572	11.0%				
5		HDD	43,229	41,067	-5.0%				
6		Power	52,613	57,324	9.0%				
7		Mouse	71,847	72,426	0.8%				
8		합계	299,454	318,398	6.3%				
9									

차근차근 시작하는 VBA

VBA 학습은 어떻게 시작할까

VBA(Visual Basic for Applications)를 능숙하게 사용할 줄 아는 사람은 엑셀 워크시트의 거의 모든 작업을 VBA 코드로 구현할 수 있습니다. 하지만 매크로 기록과 분석 없이 처음부터 VBA 코드를 무작정 외워 작성하는 것은 매우 비효율적입니다.

우리가 외국어를 배울 때 잘 쓰인 단락을 단어와 문장 단위로 배우듯 VBA 코드도 기록한 매크로 코드를 분석하고 수정하며 익히는 방법이 좋습니다. VBA 코드를 무작정 암기하는 것은 단어, 문장을 보지 않고서 문법책만으로 외국어를 익히는 것과 비슷합니다.

예를 들어, 엑셀에서 특정 글꼴을 굵게 하는 작업을 VBA로 구현하고자 할 경우 다음과 같이 작업할 수 있을 것입니다. 먼저 특정 셀 범위를 지정하고 선택한 영역의 글꼴을 모두 굵게 바꾸는 작업을 매크로로 기록합니다. VB 편집기에서 기록된 코드를 보면 VBA에서 굵은 글꼴을 지정할 때는 'Bold' 속성 값을 'True'로 지정하면 된다는 것을 파악할 수 있습니다.

이처럼 특정 작업을 VBA로 구현하는 법을 익힐 때는 코드 문법 서적 또는 인터넷 검색 등을 이용해 직접 찾는 것보다 매크로로 기록된 코드를 분석하는 것이 훨씬 직관적이고 효율적입니다.

본인 스스로 어떤 작업을 자동화하고자 할 경우 간단히 매크로 형태로 기록해보고 기록된 코드를 직접 분석하는 것이 좋습니다. 이 과정에서 모르는 속성, 구문은 인터넷의 VBA 도움말 또는 관련 서적을 통해 보완하면 기억에도 오래 남고 학습한 내용을 자기 것으로 만드는 데도 큰 도움이 됩니다.

VBA 학습은
매크로 기록 분석부터 시작하자

복잡한 작업은 VBA로 깔끔하게 처리하자

CHAPTER 01에서 살펴보았듯 매크로는 작업을 기록하고 필요할 때마다 해당 작업을 동일하게 실행하는 기능입니다. 하지만 모든 작업을 매크로 기록만으로 자동화할 수는 없습니다. 예를 들어 [A1] 셀에 **TV**라고 100개의 시트에 동일하게 입력하는 작업을 매크로를 기록하려면 매우 번거로울 것입니다.

이때는 VBA 코드로 직접 작성하는 것이 효율적입니다. VBA 코드를 사용하면 **"[Sheet1] 시트부터 [Sheet100] 시트까지 작업을 반복 작업하되, 각각의 시트를 활성화(선택)하고, 해당 시트의 [A1] 셀에 'TV'라는 값을 입력하세요."**라는 명령어를 입력하면 됩니다. 이렇게 입력된 VBA 코드를 실행하면 자동으로 워크시트에서 작업이 처리됩니다.

VBA 코드는 VB 편집기에서 확인하고 수정할 수 있습니다. VBA를 다뤄본 경험이 있다면 바로 코드를 짜서 자동화할 것입니다. 하지만 초보자라면 먼저 엑셀 작업을 매크로로 기록해본 후 VB 편집기에서 VBA 코드를 분석하고 수정하여 작업하는 것이 좋습니다.

기능 실습   VB 편집기 열어 보기

예제 파일 CHAPTER 02\01_인사.xlsm

예제 파일을 열고 [개발 도구] 탭–[코드] 그룹–[Visual Basic]을 클릭하면 VB 편집기가 별도의 창으로 나타납니다.

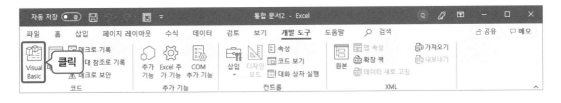

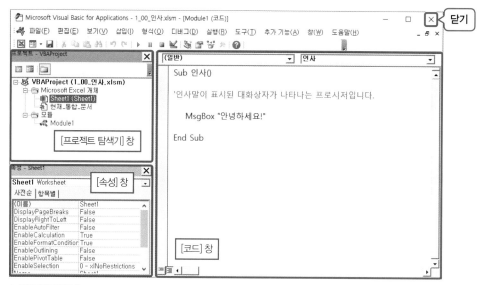

▲ VB 편집기의 모습

TIP CHAPTER 01에서 [개발 도구] 탭을 활성화한 상태로 시작합니다. VB 편집기는 시트 탭에서 임의의 시트를 마우스 오른쪽 버튼으로 클릭하고 단축 메뉴에서 [코드 보기]를 클릭해도 실행할 수 있습니다. 혹은 단축키 `Alt`+`F11`을 눌러도 됩니다.

이와 같이 VB 편집기는 기본적으로 [프로젝트 탐색기] 창, [속성] 창, [코드] 창 크게 세 부분으로 이루어져 있습니다. VB 편집기에는 다른 여러 기능들이 있지만 우선 VBA 코드를 확인하고 작성할 때 꼭 필요한 부분만 살펴보겠습니다.

TIP 만일 세 개의 창이 보이지 않는다면 화면 상단의 [보기] 메뉴–[코드], [프로젝트 탐색기], [속성 창]을 한 번씩 클릭합니다.

[프로젝트 탐색기] 창

[프로젝트 탐색기] 창은 엑셀 파일을 구성한 개체와 VBA 코드를 폴더 형식으로 표시합니다. 매크로를 기록하면 [모듈] 폴더에 [Module1] 항목이 자동으로 생성됩니다. VB 편집기에서 직접 코드를 작성할 때는 먼저 모듈을 만들어야 합니다. [프로젝트 탐색기] 창에서 마우스 오른쪽 버튼을 클릭하고 [삽입]–[모듈]을 클릭하면 새 모듈이 추가됩니다.

[코드] 창

[코드] 창에서는 VBA 코드를 직접 입력하거나 기록한 매크로 코드를 확인하고 수정할 수 있습니다. VBA에서 각각의 엑셀 작업은 **'프로시저(Procedure)'라는 명령 단위**로 구성되어 있습니다. 모든 작업은 이

프로시저 안에 매크로가 기록되거나 코드를 작성하고 실행합니다. 앞에서 열었던 예제 파일에서 VB 편집기를 실행하면 [코드] 창에 다음과 같은 코드가 나타납니다.

Sub 인사() ⟶ ❶ Sub 프로시저 시작 부분과 프로시저 이름(매크로 이름)
' 인사말이 표시된 대화상자가 나타나는 프로시저입니다. ⟶ ❷ 주석
   MsgBox "안녕하세요!" ⟶ ❸ 처리구문
End Sub ⟶ ❹ Sub 프로시저 끝부분

일반적으로 프로시저는 ① Sub 프로시저 시작 부분 및 프로시저 이름(매크로 이름), ② 주석(설명), ③ 처리구문, ④ Sub 프로시저 끝부분으로 이루어져 있습니다. 각각의 구문이 하는 자세한 역할은 뒤에서 알아보겠습니다.

TIP 프로시저(Procedure)는 '절차'라는 뜻으로 아래 코드로 기록된 절차에 따라 작업을 수행한다는 의미로 이해하면 편리합니다. 이 책에서 설명하는 '매크로'와 '프로시저'는 비슷한 개념입니다. **매크로**가 [매크로 기록]을 선택한 후 키보드와 마우스로 기록한 작업 명령이라면, **프로시저**는 엑셀 작업을 VBA 코드로 작성한 명령입니다.

프로시저

VBA 코드에서 프로시저의 첫 줄은 항상 **Sub 프로시저이름( )** 형태로 시작하고 마지막 줄은 **End Sub**로 끝납니다. [코드] 창에서 VBA 코드를 직접 입력할 때는 임의의 프로시저 이름을 입력하면 되고, 기록한 매크로를 VB 편집기에서 연다면 Sub 프로시저 시작 부분 뒤에 매크로 이름이 표시됩니다. 예제 파일의 VBA 코드에서 프로시저 이름은 **인사**입니다.

프로시저 안, 즉 **Sub 프로시저이름( )**과 **End Sub** 사이에는 VBA 코드인 처리구문을 입력합니다. 이곳에는 자신이 작성한 코드의 주석(설명)도 넣을 수 있습니다. VBA 코드 중간에 주석을 넣으려면 행의 맨 앞에 작은따옴표(')를 입력한 후 참고 사항이나 설명을 작성합니다. 둘째 줄에 '**인사말이 표시된 대화상자가 나타나는 프로시저입니다.**'는 VBA를 실행할 때 작업에 영향을 주지 않는 주석입니다.

TIP 주석은 나중에 코드를 수정하거나, 참고해야 될 사람을 위해 남겨두는 메모의 역할을 합니다. VBA 실행 작업에는 직접적인 영향을 미치지 않습니다.

처리구문인 **MsgBox "안녕하세요!"**는 '안녕하세요'가 입력된 대화상자를 표시한다는 작업을 의미합니다. [인사] 프로시저를 한 번 실행해보겠습니다. ① [코드] 창에서 [인사] 프로시저의 코드에 커서를 놓고 ② [실행] 메뉴-[Sub/사용자 정의 폼 실행]을 클릭합니다. [인사] 프로시저가 실행되어 ③ **안녕하세요!**가 표시된 대화상자가 나타납니다. ④ [확인]을 클릭합니다. ⑤ [닫기☒]를 클릭하면 VB 편집기가 닫힙니다.

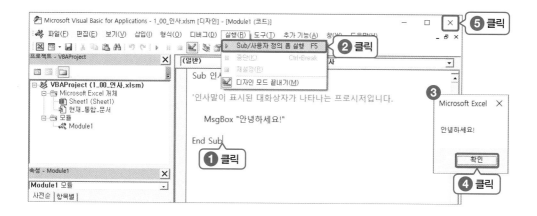

![기능 실습] **매크로로 기록된 VBA 코드 분석하기**

예제 파일 CHAPTER 02 \ 02_지점명입력_매크로수정.xlsm

예제 파일을 엽니다. CHAPTER 01에서 각 셀에 지점명 입력 작업을 기록한 매크로와 동일한 VBA 엑셀 문서입니다. [개발 도구] 탭-[코드] 그룹-[Visual Basic]을 클릭해서 VB 편집기를 실행합니다.

TIP VB 편집기는 단축키 Alt + F11 을 눌러 실행할 수도 있습니다.

매크로를 기록하면 [Moldule1] 항목에 해당 VBA 코드가 자동으로 생성됩니다. ① [프로젝트 탐색기] 창에서 [모듈]을 더블클릭한 후 ② [Module1]을 더블클릭하면 [코드] 창에 해당 매크로의 VBA 코드를 확인할 수 있습니다. [지점명입력] 매크로의 실행 단위, 즉 [지점명입력] 프로시저의 구성을 살펴보겠습니다.

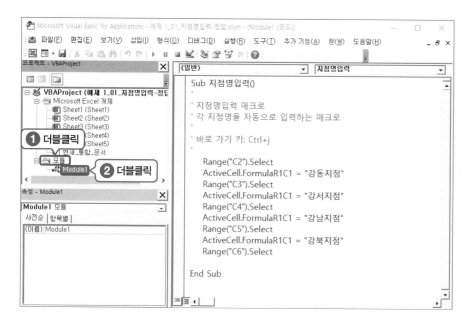

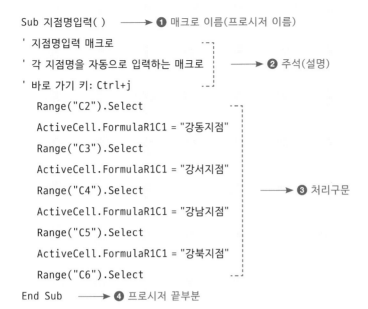

```
Sub 지점명입력( )         ━━▶ ① 매크로 이름(프로시저 이름)
  ' 지점명입력 매크로
  ' 각 지점명을 자동으로 입력하는 매크로   ━━▶ ② 주석(설명)
  ' 바로 가기 키: Ctrl+j
    Range("C2").Select
    ActiveCell.FormulaR1C1 = "강동지점"
    Range("C3").Select
    ActiveCell.FormulaR1C1 = "강서지점"
    Range("C4").Select                  ━━▶ ③ 처리구문
    ActiveCell.FormulaR1C1 = "강남지점"
    Range("C5").Select
    ActiveCell.FormulaR1C1 = "강북지점"
    Range("C6").Select
End Sub         ━━▶ ④ 프로시저 끝부분
```

앞에서 살펴봤듯 ① **Sub 지점명입력( )**은 프로시저 시작 부분 및 매크로 이름(프로시저 이름)입니다. ② 앞에 작은따옴표(')로 표시한 내용은 주석입니다. ③ 중간에는 [지점명입력] 매크로 작업에 해당하는 처리구문이 있습니다. ④ 맨 아래 **End Sub**는 프로시저 끝부분입니다.

이처럼 프로시저의 앞에는 **Sub**가 있고, 끝에는 **End Sub**가 있어서 해당 프로시저 코드의 범위를 알 수 있습니다.

TIP Range("C2")로 시작하는 처리구문부터 행 앞에 Tab 을 눌러 들여쓰기했습니다. 이는 다른 부분과 내용을 구분해서 좀 더 읽기 편하게 만드는 역할일 뿐 없어도 코드가 실행되는 데는 지장이 없습니다.

매크로의 구조를 알면 VBA 코드를 모르더라도 기록된 매크로 코드를 분석하고 수정하여 사용할 수 있습니다. 상세한 문법은 다음 CHAPTER에서 하나하나 다루겠지만, 여기서는 우선 처리구문의 작동 원리를 천천히 살펴보겠습니다.

앞에서 [지점명입력] 매크로를 기록하면서 텍스트를 입력하거나 클릭하는 등의 작업을 떠올려봅시다.
[지점명입력] 매크로는 다음과 같이 다섯 개의 작업 단계를 기록했습니다.

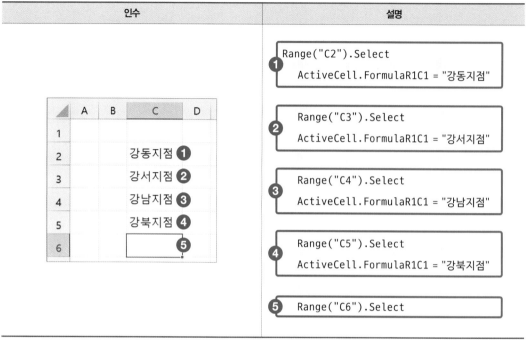

▲ [지점명입력] 매크로의 각 작업 단계와 [지점명입력] 프로시저의 처리구문

① [C2] 셀을 선택한다. 현재 셀에 **강동지점**이라는 값을 담는다.

② [C3] 셀을 선택한다. 현재 셀에 **강서지점**이라는 값을 담는다.

③ [C4] 셀을 선택한다. 현재 셀에 **강남지점**이라는 값을 담는다.

④ [C5] 셀을 선택한다. 현재 셀에 **강북지점**이라는 값을 담는다.

⑤ [C6] 셀을 선택한다.

이제 각각의 작업 단계를 [지점명입력] 프로시저의 처리구문과 대조해보겠습니다.

```
Range("C2").Select
```

첫 줄의 코드는 **[C2] 셀을 선택하라**는 뜻입니다. 이처럼 VBA에서는 '특정 셀 범위를 선택하라'라는 명령을
(특정 셀 범위).Select라고 표현하고, **Range** 뒤에 괄호와 큰따옴표를 이용해 셀 범위 주소를 입력합니다.
그리고 **Select**라는 '선택' 동작을 지정하기 위해 바로 앞에 마침표(.)를 붙여 구분한 것을 알 수 있습니다.

TIP 셀 범위 등 특정 위치를 VBA에서는 '개체(Object)', 명령 동작은 '메서드(Method)'라고 합니다. 따라서 이 범위(Range)를 선택(Select)
하라는 의미로 해석할 수 있는 것입니다. 개체와 메서드는 마침표(.)로 분리되며 항상 개체 뒤에 메서드가 따라오는 방식으로 이해하면 편리합
니다. 개체와 메서드의 작동 원리는 CHAPTER 03에서 알아보겠습니다.

```
ActiveCell.FormulaR1C1="강동지점"
```

둘째 줄을 보겠습니다. 이 코드는 현재 활성화된(선택된) 셀에 **강동지점**이라는 값을 입력하라는 뜻입니다. 여기서 **ActiveCell**이란 현재 활성화된 셀을 의미합니다. 앞에서 [C2] 셀을 선택(Select)했으므로 여기서 **ActiveCell**은 [C2] 셀이 됩니다. 마찬가지로 앞에서 [C3] 셀을 선택한 상태에서 **ActiveCell**이라고 언급한다면 **ActiveCell**은 [C3] 셀이 됩니다.

TIP VBA에서 셀을 활성화한다는 의미는 엑셀 워크시트에서 셀이 셀 포인터로 선택된 상태와 동일합니다.

그렇다면 **FormulaR1C1**은 무엇일까요? **FormulaR1C1**은 매크로에서 특정 수식 또는 값을 입력할 때 사용합니다. 예를 들어 현재 셀에 '대한민국'이라는 값이 입력되도록 매크로를 기록하면 VBA 코드는 다음과 같이 나옵니다.

```
ActiveCell.FormulaR1C1="대한민국"
```

이 코드는 **ActiveCell.Value="대한민국"**과 같이 작성해도 됩니다. 하지만 입력되는 것이 '강동지점'이나 '대한민국'처럼 값일 경우에는 **Value**를 사용해도 되지만, **수식(Formula)**일 경우에는 **FormulaR1C1**을 사용해야 합니다. 즉, **FormulaR1C1**은 값이나 수식을 모두 알아서 인식하는데 수식은 일반 수식이 아니라 **R1C1**과 같은 형식으로 입력해야 합니다. 이런 세부적인 구문은 당장 이해하기 어려울 수도 있지만 '이런 게 있구나' 하는 정도로 넘어가도 괜찮습니다.

TIP VBA에서 Value는 값을 나타냅니다. Formula는 수식을 나타낼 때 사용합니다. 특정 계산의 결괏값이나 해당 값 자체가 동일할 경우 Value를 사용하거나 Formula를 사용해도 셀에는 같은 결과가 표시됩니다.

엑셀에는 **A1 참조 스타일**과 **R1C1 참조 스타일**이 있습니다. 일반적으로 A1 참조 스타일이 기본값으로 설정되어 있으며, R1C1 참조 스타일을 기본값으로 지정하려면 [파일] 탭-[옵션] 메뉴를 클릭하고 [수식] 선택 후 [수식작업] 항목에서 [R1C1 참조 스타일]에 체크 표시하면 됩니다.

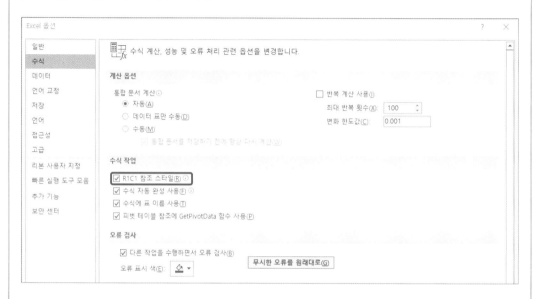

R1C1 참조 스타일로 지정해놓은 경우에는 다음과 같이 수식 입력 시에 R1C1 스타일로 표시됩니다. 이 경우 A, B, C 등 열번호도 행번호와 같이 1, 2, 3 등으로 표시됩니다.

그리고 A1 참조 스타일일 경우에는 [A1] 셀의 수식이 **=SUM(C2:D2)**와 같이 표시되는데, R1C1 참조 스타일일 경우에는 **=SUM(R[1]C[2]:R[1]C[3])**와 같이 표시되는 것입니다. 수식 **R[1]C[2]**의 의미는 현재 [A1] 셀 기준으로 아래쪽 한 칸, 오른쪽 두 칸 떨어진 [C2] 셀을 의미합니다. 비슷한 식으로 R[1]C[3]은 [A1] 셀 기준으로 아래쪽 한 칸, 오른쪽 세 칸 떨어진 [D2] 셀을 의미합니다. 여기서 R은 Row(행), C는 Column(열)의 약자입니다.

R1C1 참조 스타일은 이처럼 현재 셀 기준의 상대적 위치를 표시할 때 사용합니다. 실제 R1C1 참조 스타일을 수식에서 사용하지는 않으나 VBA나 매크로에서 특정 셀을 언급할 때에 R1C1과 같은 유형을 사용합니다.

기록된 코드 수정하기

예제 파일 CHAPTER 02\02_지점명입력_매크로수정.xlsm
완성 파일 CHAPTER 02\02_지점명입력_매크로수정_완성.xlsm

[지점명입력] 매크로에서는 각 지점명을 입력한 후 [C6] 셀을 선택한 상태로 끝납니다. 여기에서 간단한 코드를 수정해 각 지점명을 입력한 후 [C6] 셀이 아닌 [C1] 셀을 선택한 상태로 매크로 작업이 끝나도록 구현해보겠습니다.

01 예제 파일을 열고 Alt + F11을 눌러 VB 편집기를 실행합니다.

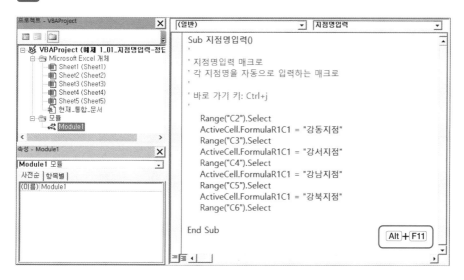

02 ① [코드] 창에서 처리구문의 맨 마지막 줄의 **Range("C6").Select**라는 구문을 **Range("C1").Select** 라고 수정하고 ② VB 편집기를 닫습니다.

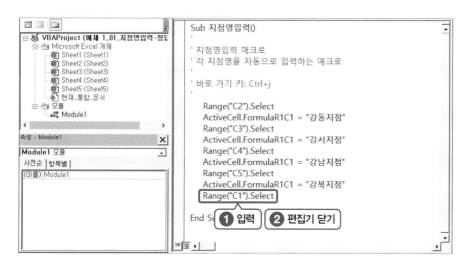

03 ① [개발 도구] 탭-[코드] 그룹-[매크로]를 클릭합니다. ② [매크로 이름]에서 [지점명입력]을 선택하고 ③ [실행]을 클릭합니다. ④ [지점명입력] 매크로를 실행하면 [C2:C5] 셀 범위에 각 지점명이 입력된 후 [C1] 셀을 선택한 상태에서 매크로가 종료됩니다.

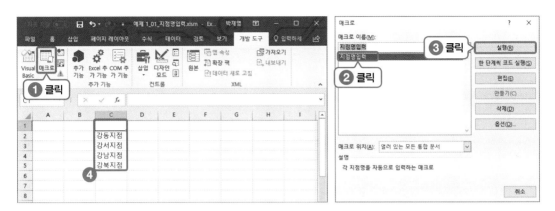

예제 파일의 VBA 코드에서 지점명을 바꾸거나 구문을 복사해 다른 셀에 다른 지점명을 추가해가며 다양하게 코드를 수정하면서 연습해보세요. 엑셀에서 매크로 기록으로 코드를 한 번 기록하고 VB 편집기에서 기록된 코드를 수정해가면서 VBA를 하나씩 학습하는 것도 좋은 방법입니다.

VBA 코드 분석하기

매크로로 기록한 코드를 바탕에 두고 VBA 코드를 작성한 것과 비교해보며, 분석하는 방법에 대해 알아보겠습니다. 매크로로 기록하고 VBA 코드를 분석하는 방법으로 복잡한 구문을 무작정 외울 필요 없이 더욱 간단한 학습이 가능합니다.

STEP 01 | 절대 참조와 상대 참조의 코드 비교하기

예제 파일 CHAPTER 02\03_절대참조_상대참조_비교.xlsm

01 예제 파일을 열고 Alt + F11 을 눌러 VB 편집기를 실행합니다. [모듈]−[Module1]에 [지점명입력]과 [지점명입력2] 두 개의 프로시저가 있습니다. 각각 CHAPTER 01에서 절대 참조와 상대 참조로 기록한 매크로입니다. 절대 참조로 기록한 [지점명입력] 프로시저와 상대 참조로 기록한 [지점명입력2] 프로시저의 처리구문을 비교해보겠습니다.

절대 참조 코드 – [지점명입력] 코드	상대 참조 코드 – [지점명입력2] 코드
```Range("C2").Select``` ```ActiveCell.FormulaR1C1 = "강동지점"```	```ActiveCell.Offset(2, 1).Range("A1").Select``` ```ActiveCell.FormulaR1C1 = "강동지점"```
```Range("C3").Select``` ```ActiveCell.FormulaR1C1 = "강서지점"```	```ActiveCell.Offset(1, 0).Range("A1").Select``` ```ActiveCell.FormulaR1C1 = "강서지점"```
```Range("C4").Select``` ```ActiveCell.FormulaR1C1 = "강남지점"```	```ActiveCell.Offset(1, 0).Range("A1").Select``` ```ActiveCell.FormulaR1C1 = "강남지점"```
```Range("C5").Select``` ```ActiveCell.FormulaR1C1 = "강북지점"```	```ActiveCell.Offset(1, 0).Range("A1").Select``` ```ActiveCell.FormulaR1C1 = "강북지점"```
```Range("C6").Select```	```ActiveCell.Offset(1, 0).Range("A1").Select```

TIP VBA에서 하나의 모듈에는 여러 개의 프로시저가 들어갈 수 있습니다. 즉, [Module1] 내에 Sub~End Sub로 되어 있는 VBA 구문이 여러 개 들어갈 수 있다는 의미입니다. 하지만 너무 많은 프로시저가 하나의 모듈에 다 들어가 있으면 찾기도 어렵고 VBA 구문 편집도 어려워집니다. 그래서 Moudle1, Modue2, Module3 등과 같이 여러 개의 모듈로 구분하여 유사성 있는 몇몇 프로시저를 하나의 모듈에 작성하는 것이 일반적입니다.

아직 VBA 코드를 잘 알지 못하지만 해당 프로시저의 결과를 이미 알고 있으므로 각 코드의 의미를 짐작해볼 수 있습니다. 앞에서 절대 참조로 매크로를 기록한 [지점명입력] 프로시저의 처음 두 줄을 살펴보겠습니다. 이 부분은 [C2] 셀(**Range("C2")**)을 선택하고 여기에 **강동지점**을 입력하는 작업입니다.

```
Range("C2").Select        ──▶ [C2] 셀을 선택하고
ActiveCell.FormulaR1C1 = "강동지점"    ──▶ 현재 선택된 셀에 '강동지점'을 입력하라
```

02 이제 상대 참조 코드를 적용한 [지점명입력2] 매크로의 첫 줄을 살펴보겠습니다. VBA에서 **Offset**은 특정 셀에서 아래쪽 및 오른쪽 셀 위치를 언급할 때 사용합니다. Offset 뒤 괄호 안에 아래로 이동할 행과 오른쪽으로 이동할 열의 숫자를 입력합니다. 즉, **ActiveCell.Offset(2, 1)**은 현재 셀(**ActiveCell**)을 기준으로 아래로 두 셀, 오른쪽으로 한 셀 이동한 위치(**Offset(2, 1)**)를 말합니다. 다음 줄의 **ActiveCell**은 앞에서 **Offset**으로 이동한 이후의 현재 셀 위치를 말합니다. 여기에 **강동지점**을 입력하는 것입니다.

```
ActiveCell.Offset(2, 1).Range("A1").Select    ──▶ 현재 선택된 셀에서 2행 1열을 이동하고
ActiveCell.FormulaR1C1 = "강동지점"    ──▶ 현재 선택된 셀에 '강동지점'을 입력하라
```

상대 참조로 셀의 위치를 이동하는 코드는 다음과 같이 간단하게 줄여서 작성할 수 있습니다.

```
Range("C2").Offset(2, 1).Select
```

STEP 02 | 기록한 매크로 분석하기

예제 파일 CHAPTER 02\04_매크로_셀범위선택.xlsm, 05_매크로_굵은글꼴.xlsm, 06_매크로_글꼴색.xlsm

01 이번에는 CHAPTER 01에서 기록한 세 개의 매크로를 분석해보겠습니다. 먼저 [04_매크로_셀범위선택.xlsm] 파일을 엽니다. VB 편집기에서 [범위선택] 프로시저를 확인할 수 있습니다.

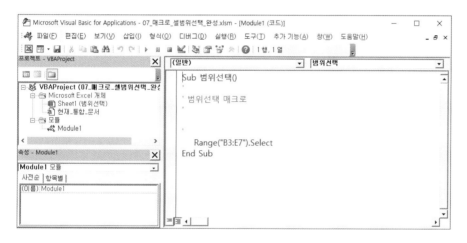

TIP VB 편집기는 단축키 Alt + F11 을 눌러 실행할 수도 있습니다.

위에서 선택한 [범위선택] 프로시저에서 처리구문은 한 줄입니다. VBA에서 특정 범위를 선택하는 코드를 작성할 경우에는 **Range** 뒤 괄호와 큰따옴표 안에 셀 범위를 입력합니다. 따라서 **Range("B3:E7").Select**는 [B3:E7] 셀 범위를 선택하라는 의미입니다.

```
Range("B3:E7").Select
```

만일 앞의 예제에서 합계 부분인 [B7:E7] 셀 범위만 선택하도록 지정하려면 코드를 다음과 같이 직접 수정하면 됩니다.

```
Range("B7:E7").Select
```

이처럼 매크로 기록으로 한 번 기록한 코드는 계속 변형하면서 응용할 수 있습니다.

02 이번에는 [05_매크로_굵은글꼴.xlsm] 파일을 열고 기록된 매크로를 분석해보겠습니다. VB 편집기에서 [굵은글꼴] 프로시저를 확인합니다.

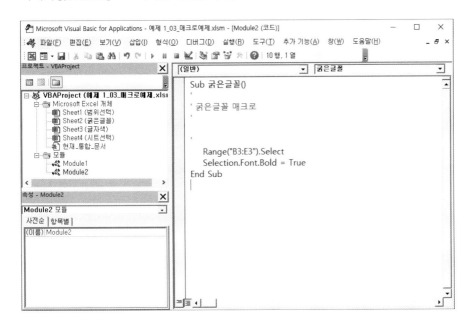

[굵은글꼴] 프로시저의 처리구문은 다음과 같습니다. **Range("B3:E3").Select**는 앞에서 설명한 것처럼 [B3:E3] 셀 범위를 선택하라는 의미입니다. **Selection.Font.Bold = True**는 선택한 셀 범위(**Selection**)의 글꼴(**Font**)을 굵게(**Bold = True**) 설정하라는 의미입니다.

```
Range("B3:E3").Select         ─────▶  [B3:E3] 셀 범위를 선택하고
Selection.Font.Bold = True    ─────▶  선택한 셀 범위에서 글꼴을 굵게 설정하라
```

위에서 두 줄로 된 코드를 다음과 같이 한 줄로 간단히 표현할 수도 있습니다. 이 코드는 [B3:E3] 셀 범위를 선택하는 작업 없이 바로 [B3:E3] 셀 범위의 글꼴을 굵게 설정한다는 뜻입니다.

```
Range("B3:E3").Font.Bold = True    ─────▶  [B3:E3] 셀 범위에서 글꼴을 굵게 설정하라
```

반대로 굵게 설정된 셀을 다시 보통 글꼴로 바꾸는 작업은 **Range("셀 범위").Font.Bold = False**로 표현합니다. 예를 들어 [B3:E3] 셀 범위를 보통 글꼴로 바꾸려면 다음과 같이 코드를 수정합니다.

```
Range("B3:E3").Font.Bold = False    ─────▶  [B3:E3] 셀 범위의 글꼴 스타일을 보통으로 바꿔라
```

03 이번에는 [06_매크로_글꼴색.xlsm] 파일을 열고 기록된 매크로를 분석해보겠습니다. VB 편집기에서 [글꼴색] 프로시저가 기록된 것을 확인할 수 있습니다.

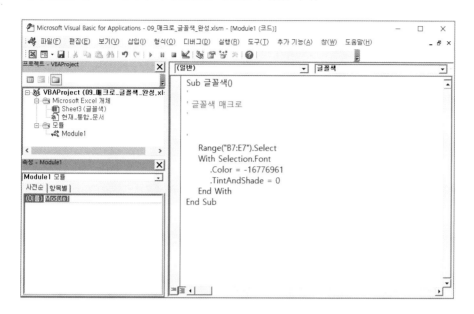

[글꼴색] 프로시저의 처리구문은 다음과 같습니다. **Range("B7:E7").Select**는 [B7:E7] 셀 범위를 선택하라는 뜻입니다. **Selection.Font.Color=-16776961**의 의미는 선택한 셀 범위의 글꼴 색을 빨간색으로 지정하라는 의미입니다. 여기서 **-16776961**은 빨간색의 색상값입니다. **TintAndShade**는 글꼴 색을 지정할 때 특정 비율로 밝은 정도를 표시하는 것인데 여기서는 원색을 사용하기 때문에 그냥 기본값인 **0**으로 처리한 것입니다.

```
Range("B7:E7").Select    ——▶ [B7:E7] 셀 범위를 선택하고
    With Selection.Font  ——▶ 선택한 셀 범위의 글꼴 설정에서
        .Color = -16776961  ——▶ 글꼴 색을 빨간색으로 지정하고
        .TintAndShade = 0   ——▶ 밝기를 원색으로 지정하라
    End With
```

TIP 위 코드에서는 With라는 구문을 활용하여 선택한 셀 범위의 글꼴 설정 중 글꼴 색과 밝기를 지정하고 있습니다. With 구문은 같은 개체에 두 개 이상의 속성(메서드)을 적용할 때 유용합니다. With 구문의 사용 방법은 CHAPTER 03에서 자세히 알아보겠습니다. 여기에서는 **Selection.Font.Color**를 이용하면 선택한 셀 범위의 색상을 지정할 수 있다는 정도만 알고 넘어가도 무방합니다.

이 코드는 다음과 같이 한 줄로 간단히 표현할 수도 있습니다 이 경우에는 [B3:E3] 셀 범위를 선택하는 작업 없이 바로 [B3:E3] 셀 범위의 색상을 빨간색으로 지정합니다.

```
Range("B3:E3").Font.Color = -16776961  ——▶ [B3:E3] 셀 범위의 글꼴 색을 빨간색으로 지정하라
```

VBA에서는 고유의 색상값을 숫자로 표현합니다. 그러나 빨간색을 **-16776961**로 기억하기는 어렵습니다. VBA에서 색상값을 표현할 때에는 다음과 같이 색상명을 영어로 직접 작성해도 됩니다. 위 코드에서 **vbRed** 대신에 **vbYellow, vbGreen, vbBlue** 등으로 코드를 수정해가며 글꼴 색의 변화를 테스트해보세요.

```
Range("B3:E3").Font.Color = vbRed
```

핵심 실무 학습 혼자 해보기

예제 및 완성 파일 CHAPTER 02\학습점검.xlsm, 학습점검_완성.xlsm

01 [절대참조]를 클릭하면 [A2:E2] 셀 범위에 **월, 화, 수, 목, 금**이 입력되는 VBA 코드를 절대 참조 형식으로 작성합니다. 기능실습에서 배운 매크로 코드를 활용해도 좋습니다.

◢	A	B	C	D	E	F	G	H	I
1									
2	월	화	수	목	금				
3							절대참조		
4									
5									
6									
7									
8									
9									

TIP 도형을 이용해 버튼을 삽입하는 방법은 p.026의 도형으로 매크로 실행 버튼 만들기를 참조합니다.

02 [상대참조]를 클릭하면 현재 셀 기준 아래쪽 두 칸, 오른쪽 한 칸 위치에 있는 셀부터 **월, 화, 수, 목, 금**이 가로 방향으로 입력되는 VBA 코드를 상대 참조 형식으로 작성합니다.

◢	A	B	C	D	E	F	G	H	I
1									
2									
3							상대참조		
4									
5		월	화	수	목	금			
6									
7									
8									
9									

03 [굵은글꼴 지정하기]를 클릭하면 [B8:E8] 셀 범위의 글꼴을 굵은 글꼴로 바꾸는 VBA 코드를 작성합니다.

◢	A	B	C	D	E	F	G	H	I
1									
2		구분	상반기	하반기	증감율				
3		CPU	69,994	79,009	12.9%		굵은글꼴 지정하기		
4		RAM	61,771	68,572	11.0%				
5		HDD	43,229	41,067	-5.0%				
6		Power	52,613	57,324	9.0%				
7		Mouse	71,847	72,426	0.8%				
8		합계	299,454	318,398	6.3%				
9									

VBA 코드
하나하나 뜯어보기

VBA를 차근차근 익혀보자

모든 언어는 처음 배울 땐 단어를 알아야 하고, 다음에 문법을 이해해야 그 언어를 제대로 구사할 수 있습니다. VBA도 일종의 프로그램 언어입니다. 단어가 명사, 동사, 형용사, 조사로 구분되는 것처럼 VBA는 개체, 메서드, 속성 등으로 구분됩니다. 이러한 단어를 VBA 문법에 맞게 배열하면 VBA 구문이 되는 것입니다.

CHAPTER 02에서 엑셀 매크로를 기록하고 코드를 분석하는 것이 VBA 실력을 쌓는 효율적인 학습법이라고 했습니다. 이런 과정이 익숙해지면 직접 VBA 코드를 작성하는 단계에 들어갈 수 있습니다. 매크로로 기록한 후 VB 편집기에서 분석, 수정하는 것이 아니라 직접 코드를 입력하는 것입니다. 이렇게 해서 엑셀 워크시트에서 수작업으로 진행되는 모든 작업에 대해 VBA의 개체, 메서드, 속성 등을 파악하게 되면 대부분의 작업을 VBA를 통해 자동화할 수 있게 됩니다.

VBA에서 또 하나의 유용한 도구가 MsgBox와 InputBox입니다. VBA를 이용해 구현한 자동화 작업은 중간에 특정 값을 입력하거나 확인이 필요할 때가 있습니다. 예를 들어, 현재 사용자가 A회사에 다니는 직원이 맞는지 메시지 상자를 이용해 물어보고 [예]를 클릭한 경우에만 프로시저를 진행할 경우 MsgBox 함수를 사용하면 유용합니다. 또는 프로시저 중간에 현재 매출이 얼마인지 직접 입력해 작업을 진행할 경우는 InputBox 함수를 사용하면 사용자가 직접 값을 입력하도록 처리할 수도 있습니다. 이처럼 VBA는 사용자와 대화형 작업이 가능한 도구를 지원합니다. 이러한 것들을 잘 활용하면 보다 효율적인 자동화 작업을 구현할 수 있습니다.

원리 이해 VBA의 기초

일을 시키려면 개체(Object)부터 부르자

VBA는 명령어로 이루어져 있습니다. 명령어가 엑셀에게 명령을 내려 작업을 시키려면 당연히 작업할 대상이 있어야 합니다. 엑셀에서 명령을 내리는 대상은 주로 파일, 시트, 셀 범위, 셀, 차트 등입니다. 프로그래밍 언어에서 명령을 내려 작업하는 대상을 **개체(Object)**라고 합니다. 'Object'는 '개체', '객체', '대상' 등으로 번역되며 VBA에서도 마찬가지로 '개체'라고 부릅니다.

VBA에는 계층 구조가 있고 개체를 언급하려면 상위 개념부터 하위 개념으로 내려오면서 언급해야 합니다. 만약 '박재영'을 언급하려면 동명이인을 부르는 것을 피하기 위해 그 사람의 소속이나 주소를 정확히 지정하는 것과 비슷합니다. '박재영'을 언급히는 방법과 [data.xlsm] 파일의 [Sheet1] 시트에 있는 [A1] 셀을 언급하는 방법을 비교해봅시다.

01 일상에서 '박재영'을 부르는 방법

지구·국가("대한민국")·시("서울시")·구("종로구")·동("평창동")·인간("박재영")
──── ▶ 지구의 대한민국 서울시 종로구 평창동에 있는 박재영

02 VBA에서 [A1] 셀을 부르는 방법

```
Application.Workbooks("data.xlsm").Worksheets("Sheet1").Range("A1")
```
──── ▶ 엑셀 프로그램에서 [data.xlsm] 파일의 [Sheet1] 시트의 [A1] 셀

[data.xlsm]라는 엑셀 파일의 [Sheet1] 시트에 있는 [A1] 셀을 언급하는 여러 방법이 있습니다. 여기서 **Application**은 엑셀 프로그램 자체를 말합니다. 그리고 **Workbooks**는 엑셀 문서 파일을 말하며 **Worksheets**는 엑셀 문서 안에 있는 시트입니다. 다음 예시를 보며 하나씩 비교해보겠습니다.

```
Application.Workbooks("data.xlsm").Worksheets("Sheet1").Range("A1")
```
　　──▶ ❶ 엑셀에서.[data.xlsm] 파일에서.[Sheet1] 시트에서.[A1] 셀을

```
Workbooks("data.xlsm").Worksheets("Sheet1").Range("A1")
```
　　──▶ ❷ [data.xlsm] 파일에서.[Sheet1] 시트에서.[A1] 셀을

```
Worksheets("Sheet1").Range("A1")
```
　　──▶ ❸ [Sheet1] 시트에서.[A1] 셀을

```
Range("A1")
```
　　──▶ ❹ [A1] 셀을

같은 지역 내에서 우편물을 보낼 때는 주소에 국가나 시 이름을 구구절절 쓰지 않고 '종로구 ○○동 박재영'과 같이 간단히 표현해도 우편물이 도착합니다. 마찬가지로 같은 엑셀 파일이나 워크시트에서 작업한다면 [A1] 셀을 언급할 때 앞의 몇몇 개체들을 생략해도 됩니다. 앞부분을 생략한다는 것은 작업할 영역이 같은 범위 내에 속해 있다는 뜻입니다.

VBA에서 [A1] 셀을 가리키기 위해 **Range("A1")**라고 쓴다면 '현재(활성) 시트'의 [A1] 셀인 **Activesheet.Range("A1")**라는 의미와 동일합니다. 또한 **Worksheets("Sheet1").Range("A1")**라고 하면 **ActiveWorkbook.Worksheets("Sheet1").Range("A1")**의 의미입니다. 즉 Workbook이나 Worksheet 등의 개체가 생략된 경우 ActiveWorkbook이나 ActiveWorksheet 등 현재 활성화된 파일이나 시트를 가리키는 개체가 생략된 것입니다.

같은 엑셀 파일에서 특정 시트만 언급하려면 다음과 같이 언급할 수 있습니다. 만일 [매출목표]란 시트를 언급하려면 코드를 이렇게 씁니다.

```
Worksheets("매출목표")
```
　　──▶ [매출목표] 시트를

이렇듯 일을 시키는 대상이 개체(Object)이고, 개체는 상위 개념과 하위 개념의 계층 구조(개체 모델)로 되어 있습니다. 예를 들어 Range(셀 범위)라는 개체가 있다면 상위 개체는 Worksheet(시트)가 되고 하위 개체는 Interior(셀 색) 등이 될 수 있겠지요. VBA로 작업을 적용할 범위를 지정하려면 개체 모델에 따라 원하는 수준의 개체를 특정할 수 있습니다.

개체는 메서드로 작동하고, 속성으로 특성을 부여한다

앞에서 개체(Object) 개념과 개체를 언급하는 방법을 익혔으면 이제 개체에게 일을 시키는 방법인 메서드(Method)에 대해 알아보겠습니다. VBA는 영문법과 대비하여 생각하면 이해하기 편합니다. 영어 문장에서 대상, 즉 목적어(Object)에게 일을 시킬 때는 ① 명령문을 사용하거나 ② 사역동사를 활용합니다. 예를 들어 ① '창문을 열어라' ② '벽을 빨간색으로 만들어라'라는 두 문장은 각각 영어로 다음과 같습니다.

```
창문을 열어라(명령문)  ━━━▶ ❶ Open the window
벽을 빨간색으로 만들어라(사역동사 사용)  ━━━▶ ❷ Make the wall red
```

위 두 개의 영어 문장을 프로그래밍 VBA로 엑셀에서 일을 시키는 언어처럼 아주 간단한 형태로 바꿔보면 다음과 같습니다.

```
Open the window  ━━━▶ ❶ Window.Open
Make the wall red  ━━━▶ ❷ Wall.Color = red
```

한국어로 표현하면 ①은 '창문.열어라' ②는 '벽.색상=빨간색'과 같은 형태가 됩니다. 여기서 Window, Wall 등은 앞에서 배운 개체(Object)로 일을 시키는 **대상**이 됩니다.

엑셀 VBA도 이와 유사한 문법이 적용됩니다. ① '[B4] 셀을 선택하라', ② '[D5] 셀 색을 빨간색으로 하라'는 작업을 VBA 구문으로 표현하면 다음과 같습니다.

```
Range("B4").Select  ━━━▶ ❶ [B4] 셀을 선택하라(개체.메서드)
Range("D5").Interior.Color = vbRed  ━━━▶ ❷ [D5] 셀 색을 빨간색으로 지정하라(개체.속성 = 속성값)
```

이 코드에서 Range("B4"), Range("D5"), Interior는 각각 개체(Object)입니다. 이런 개체에게 VBA를 이용하여 일을 시키려면 ①의 Select처럼 동사를 사용하는 '개체.메서드'와 같은 형태가 있고, ② Color처럼 특성을 나타내는 '개체.특성'과 같은 형태가 있습니다. Select 같이 특정 개체에 직접 일을 시키는 동작을 **메서드(Method)**라고 하고, Color 같이 개체에 부여하는 특성을 **속성(Property)**이라고 합니다.

개체에 메서드나 속성을 지정할 때는 마침표(.)로 연결합니다. ①에서 [B4] 셀이라는 개체(Range("B4"))에 선택한다는 동작(Select)을 지정하기 위해 Range("B4").Select라고 입력했습니다. 마찬가지로 ②에서는 [D4] 셀이라는 개체(Range("D4"))에 셀 색이라는 속성(Interior.Color)을 지정하기 위해 Range("D4").Interior.Color라고 입력한 것입니다.

속성은 구체적인 속성을 지정하기 위해 **상수(Constant)**를 사용합니다. VBA에서 변하지 않는 고유의 값을 상수라고 하는데 여기서는 속성이라는 특징을 구체적으로 수식하는 형용사라고 보면 편리합니다. ②번에서는 셀 색이라는 속성(Interior.Color)에 빨간색(vbRed)이라는 구체적인 값을 지정하는 상수입니다.

속성에 특정한 값을 지정할 때는 =(등호)로 연결합니다. 그래서 **개체.속성 = 속성값**의 형태로 코드를 작성합니다. Interior.Color(셀 색) 속성에 vbRed(빨간색)와 같은 상수를 지정하려면 Interior.Color = vbRed라고 작성하는 식입니다. 그리고 Color 속성을 지정하는 속성값은 vbRed처럼 문자로 지정하거나 1(검은색), 3(빨간색), 5(노란색) 등 상수로 지정해도 됩니다. 즉, ②번은 다음과 같은 코드로 작성해도 됩니다.

```
Range("D5").Interior.Color = 3  ━━━▶ [D5] 셀 색을 빨간색(3)으로 지정하라
```

기능 실습 | VBA 코드 직접 작성해보기

예제 파일 CHAPTER 03\01_VBA 코드 작성_코드.xlsm
완성 파일 CHAPTER 03\01_VBA 코드 작성_완성.xlsm

이번에는 간단한 VBA 코드를 직접 작성해보겠습니다. CHAPTER 02에서 살펴봤듯 VBA는 하나의 작업 단위, **Sub**로 시작해서 **End Sub**로 끝나는 코드의 묶음인 프로시저로 구성합니다. 다음은 [D5] 셀의 셀 색을 빨간색으로 지정하는 [셀_색상입히기] 프로시저를 작성하고 해당 프로시저를 실행하는 방법입니다.

01 새 엑셀 통합 문서를 만듭니다. [개발 도구] 탭-[코드] 그룹-[Visual Basic]을 클릭합니다.

TIP Alt + F11 을 눌러도 VB 편집기를 실행할 수 있습니다. 앞으로 VB 편집기를 불러올 일이 많으니 미리 외워서 사용하는 것을 추천합니다.

02 VB 편집기가 나타납니다. 왼쪽 상단의 [프로젝트 탐색기] 창에서 ① [현재_통합_문서]를 마우스 오른쪽 버튼으로 클릭하고 ② [삽입]-[모듈]을 클릭합니다.

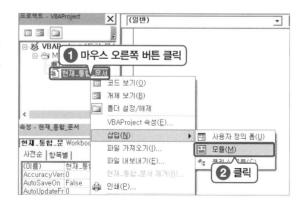

03 프로젝트 탐색기에 [Module1]이 생성되었습니다. [Module1]이 [코드] 창에 활성화된 상태에서 ① sub **셀_색상입히기( )**라고 입력한 후 ② Enter 를 누릅니다.

> **TIP** Sub **프로시저이름( )**와 같이 프로시저 이름을 입력하고 Enter 를 누르면 맨 마지막 줄에 **End Sub**가 자동으로 표시됩니다. **Sub 프로시저이름( )**와 **End Sub** 사이의 각 행에 처리구문을 입력합니다.

> **TIP** 프로시저 이름은 띄어쓰기 없이 붙여서 작성해야 합니다. **셀 색상입히기**와 같이 입력할 수 없으며, 띄어쓰기 대신 언더바(_)를 활용하여 **셀_색상입히기**와 같은 식으로 작성합니다.

04 ① 처리구문으로 **Range("D5").Interior.Color = vbRed**라고 입력한 후 ② Enter 를 누릅니다. ③ [파일] 메뉴–[닫고 Microsoft Excel로 돌아가기]를 클릭합니다.

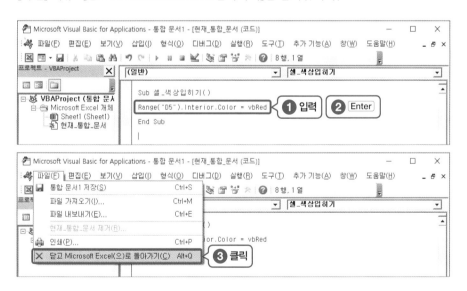

> **TIP** VBA로 코드를 작성할 때는 소문자로만 입력합니다. 소문자로 코드 한 줄을 모두 입력한 후 Enter 를 누르면 Range("D5").Interior. Color = vbRed와 같이 자동으로 각 개체와 메서드 등의 첫 글자가 대문자로 바뀝니다. 코드를 작성했는데 오타가 있어 VB 편집기가 인식할 수 없다면 해당 단어의 첫 글자는 대문자로 바뀌지 않고 그대로 표시됩니다. 그래서 소문자로 입력하면 이런 오타 등을 쉽게 발견할 수 있습니다.

05 ① [개발 도구] 탭-[코드] 그룹-[매크로]를 클릭합니다. ② [매크로] 대화상자에서 매크로 이름에 [셀_색상입히기]를 클릭하고 ③ [실행]을 클릭합니다. [D5] 셀 색상이 빨간색으로 지정됩니다.

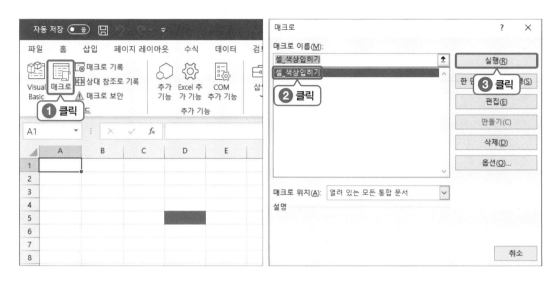

빈 문서에 직접 VBA 프로시저를 작성하여 실행해봤습니다. CHAPTER 01에서 기록한 특정 셀을 선택하거나 글꼴 색을 지정하여 글꼴 스타일을 변경하는 코드도 직접 확인해보고 VBA 코드로 작성한 후 실행해보세요.

기능 실습 — 엑셀에 메시지 상자를 표시하는 MsgBox 함수

완성 파일 CHAPTER 03 \ 02_Msgbox_완성.xlsm

매크로로 기록한 코드는 대부분 단순 작업의 반복이거나 한 가지 결과가 나오는 일방향 작업입니다. 하지만 VBA로 코드를 작성하면 좀 더 유동적인 작업을 구현할 수 있습니다. 워크시트에서 함수를 사용하듯 VBA에도 VBA 전용 함수가 있습니다. **MsgBox**와 **InputBox**는 VBA에서만 사용하는 일종의 함수입니다. MsgBox 함수로 원하는 대화상자를 나타내고, InputBox 함수로는 사용자로부터 원하는 값을 입력받는 대화형 작업을 구현할 수 있습니다.

먼저 MsgBox 함수부터 살펴보겠습니다. MsgBox 함수는 대화상자를 나타내 메시지를 보여줍니다. 완성 파일을 열고 Alt + F11 을 눌러 VB 편집기를 실행하면 첫 번째 프로시저에 다음 코드가 입력되어 있습니다.

```
Sub MsgBox_1()
MsgBox "프린터가 켜져 있습니까?", vbOKOnly, "krazy"
End Sub
```

첫 번째 프로시저에 커서를 위치한 상태에서 F5를 누르면 프로시저가 실행되면
서 다음과 같은 대화상자가 나타납니다.

MsgBox 함수는 **Prompt, Buttons, Title** 세 가지 '인수'로 이루어져 있습니다.
VBA 함수를 입력하는 방법은 워크시트 함수와 마찬가지로 함수명 뒤에 괄호를
입력한 후 인수를 입력합니다. 각 인수는 쉼표로 구분합니다. 다만 VBA 함수에서는 괄호를 생략할 수도
있습니다. 대괄호로 된 부분은 반드시 필요한 인수가 아니므로 필요에 따라 생략해도 됩니다.

```
MsgBox(Prompt[, buttons] [, Title])
```

인수	필수 선택 여부	설명
Prompt	필수 요소	대화상자에서 메시지로 나타날 텍스트입니다. 최대 길이는 1024자이며, 사용된 문자의 너비에 따라 다릅니다.
Buttons	선택 요소	표시할 버튼의 수와 형식, 사용할 아이콘 유형, 기본 버튼의 ID 및 메시지 상자의 양식을 지정하는 값의 합을 나타내는 수식입니다. 생략하면 Buttons의 기본값은 0입니다.
Title	선택 요소	대화상자의 제목 표시줄에 나타나는 텍스트입니다. Title을 생략하면 응용 프로그램 이름인 'Microsoft Excel'이 제목 표시줄에 나타납니다. 같은 코드를 MS 워드에서 실행하면 'Microsoft Word'라고 표시될 것입니다.

MsgBox 함수에서는 메시지 내용을 표시하는 **Prompt** 인수만 필수 요소입니다. 나머지 부분은 선택 요
소이므로 모두 생략할 수 있지요. 다음은 Prompt만 입력된 간단한 형태의 MsgBox 코드입니다. 완성
파일의 두 번째 프로시저입니다.

```
Sub MsgBox_2()
MsgBox "프린터가 켜져 있습니까?"
End Sub
```

TIP MsgBox 함수는 **MsgBox ("프린터가 켜져 있습니까?")**와 같이 함수 인수(여기서는 Prompt)를 괄호로 묶어서 표현해도 되고, 위 코드
의 **MsgBox "프린터가 켜져 있습니까?"**처럼 괄호 없이 간단히 표현해도 됩니다. 여기서는 편의상 괄호를 생략하겠습니다.

위 [MsgBox_2] 프로시저를 실행하면 다음과 같은 대화상자가 나타납니다. 앞의
[MsgBox_1] 프로시저와 달리 제목 표시줄에 'krazy'가 표시되지 않고, 대신 프로그램
이름인 'Microsoft Excel'이 표시됩니다. 그리고 Buttons 인수를 별도로 지정하지 않
아서 기본값인 [확인] 버튼만 표시되었습니다.

이번에는 제목 표시줄에 '박재영'이 나타나고, [예]와 [아니요] 두 개의 버튼이 표시되도록 [MsgBox_2] 프로시저를 변형한 예입니다. 완성 파일의 세 번째 프로시저입니다.

```
Sub MsgBox_3()
MsgBox "프린터가 켜져 있습니까?", vbYesNo, "박재영"
End Sub
```

위 [MsgBox_3] 프로시저를 실행하면 다음과 같은 대화상자가 나타납니다. 제목 표시줄에 '박재영'이 표시되고, 버튼도 [예]와 [아니요]가 함께 표시되었습니다.

[MsgBox_3] 프로시저의 MsgBox 함수에는 Prompt, Buttons, Title의 세 가지 인수가 모두 사용되었습니다. 이처럼 MsgBox 함수로 코드를 작성한다면 Prompt, Buttons, Title 인수를 순서대로 입력합니다.

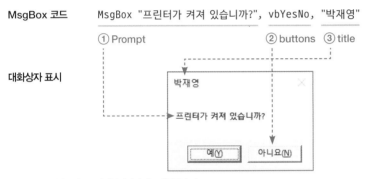

▲ MsgBox 함수의 코드와 화면에 나타나는 대화상자 비교

또 다른 방법으로 다음과 같이 MsgBox 함수의 코드를 구성해도 [MsgBox_3] 프로시저와 같은 결과를 얻을 수 있습니다. 완성 파일의 네 번째 프로시저입니다.

```
Sub MsgBox_4()
MsgBox Title:="박재영", Prompt:="프린터가 켜져 있습니까?", Buttons:=vbYesNo
End Sub
```

여기 [MsgBox_4] 프로시저를 보면 Prompt, Buttons, Title 순서를 지키지 않고 각 인수의 값을 하나씩 지정해준 것입니다. 개별 인수를 지정할 때는 인수 이름 다음에 쌍점(:)과 등호(=)를 입력하고 해당 인수를 지정합니다. 이렇게 함수에서 인수 이름을 입력하는 경우에는 인수의 순서를 지킬 필요가 없습니다.

MsgBox의 Buttons 인수

MsgBox 함수의 Buttons 인수를 좀 더 자세히 살펴보겠습니다.

인수	내장 상수	기능
vbOKOnly	0	[확인] 버튼만 표시합니다(기본값).
vbOKCancel	1	[확인]과 [취소] 버튼을 표시합니다.
vbAbortRetryIgnore	2	[중단], [다시 시도], [무시] 버튼을 표시합니다.
vbYesNoCancel	3	[예], [아니요], [취소] 버튼을 표시합니다.
vbYesNo	4	[예]와 [아니요] 버튼을 표시합니다.
vbRetryCancel	5	[다시 시도]와 [취소] 버튼을 표시합니다.
vbCritical	16	치명적 오류 메시지 아이콘을 표시합니다.
vbQuestion	32	경고 질문 아이콘을 표시합니다.
vbExclamation	48	경고 메시지 아이콘을 표시합니다.
vbInformation	64	정보 메시지 아이콘을 표시합니다.
vbDefaultButton1	0	첫째 버튼이 기본값입니다(기본값).
vbDefaultButton2	256	둘째 버튼이 기본값입니다.
vbDefaultButton3	512	셋째 버튼이 기본값입니다.
vbDefaultButton4	768	넷째 버튼이 기본값입니다.

Buttons 인수를 입력할 때 위 표에 있는 내장 상수를 그대로 활용해도 됩니다. 여기서 내장 상수는 VBA 함수의 인수로 사용할 수 있는 상수를 의미합니다. VBA에서는 vbYesNo 같은 속성값을 숫자 4(상수)로 처리하는 것입니다. 따라서 vbYesNo는 내장 상수 4와 같습니다.

대화상자에서 [예], [아니요], [취소]라는 세 개의 버튼을 표시하되, 두 번째인 [아니요]가 기본값 (Default)으로 활성화되도록 하려면 코드를 다음과 같이 작성하면 됩니다. 완성 파일의 다섯 번째 프로시 저입니다.

```
Sub MsgBox_5()
MsgBox "프린터가 켜져 있습니까?", vbYesNoCancel + vbDefaultButton2, "박재영"
End Sub
```

위 [MsgBox_5] 프로시저를 실행하면 다음과 같은 대화상자가 나타납니다. [아니요] 버튼이 기본값으로 선택되어 있습니다.

이와 같이 buttons의 인수는 더하기(+)로 두 개를 조합하여 사용할 수 있습니다. 그리고 일반 인수 대신 내장 상수를 사용할 수도 있습니다. 즉, [MsgBox_5] 프로시저의 코드는 다음과 같이 작성하더라도 같은 결과가 나타납니다.

```
MsgBox "프린터가 켜져 있습니까?", 3+256, "박재영"
```

위에서 제시한 MsgBox 함수의 buttons 인수를 보면 vbYesNoCancel에 해당하는 상수는 3이고, vbDefaultButton2에 해당하는 상수는 256이기 때문에 **vbYesNoCancel + vbDefaultButton2** 대신 **3+256**으로 입력한 것입니다.

TIP Buttons 내장 상수로 3+256 대신 두 숫자를 합한 값인 259를 입력해도 같은 결과를 얻을 수 있습니다.

친절한 POINT NOTE / MsgBox 함수 핵심정리

- MsgBox 함수는 대화상자에 특정 메시지를 표시하는 VBA 함수입니다.
- MsgBox 함수의 핵심 인수는 Prompt, Buttons, Title입니다. 이 중에 Prompt는 반드시 입력해야 하는 필수 요소 이고, 나머지 Buttons와 Title은 선택 요소입니다. 선택 요소는 필요할 경우에만 별도로 지정합니다.

VBA 프로시저에 값을 입력받는 InputBox 함수

완성 파일 CHAPTER 02\03_InputBox_완성.xlsm

MsgBox 함수와 비슷한 형태로 사용하는 InputBox 함수가 있습니다. InputBox 함수는 메시지 상자를 이용해 값을 입력 받는 작업을 수행할 때 주로 사용합니다. 다음은 InputBox 함수의 구문과 인수입니다.

```
InputBox (Prompt[, Title] [, Default])
```

인수	필수 선택 여부	설명
Prompt	필수 요소	대화상자에 메시지로 나타나는 텍스트입니다. Prompt의 최대 길이는 1024자이며, 사용된 문자의 너비에 따라 다르게 나타날 수 있습니다.
Title	선택 요소	대화상자의 제목 표시줄에 나타나는 텍스트입니다. Title을 생략하면 응용 프로그램 이름이 제목 표시줄에 나타납니다.
Default	선택 요소	입력란에 내용을 입력하지 않으면 텍스트는 기본값으로 입력란에 나타납니다. Default가 생략된 기본값은 빈 상태로 나타납니다.

▲ InputBox 함수의 인수

TIP 이외에도 InputBox 함수의 인수로는 대화상자의 위치를 지정하는 Xpos, Ypos나 별도의 도움말 설명을 파일 형태로 지정하는 Helpfile, Context 등이 있습니다.

완성 파일을 열고 Alt + F11 을 눌러 VB 편집기를 실행합니다. VB 편집기를 실행하면 첫 번째 프로시저에 다음 코드가 입력되어 있습니다.

```
Sub InputBox_1()
    InputBox "당신의 이름을 입력해 주세요", "이름 확인", "박재영"
End Sub
```

첫 번째 프로시저에 커서를 위치한 상태에서 F5 를 누르면 프로시저가 실행되어 다음과 같은 대화상자가 나타납니다. 대화상자에는 메시지(Prompt)로 '당신의 이름을 입력해 주세요'가, 제목 표시줄(Title)에는 '이름 확인'이 표시됩니다. 그리고 아래 입력란에는 기본값(Default)으로 '박재영'이 입력되어 있습니다.

InputBox 함수의 인수는 Prompt, Title, Default 순서로 입력합니다.

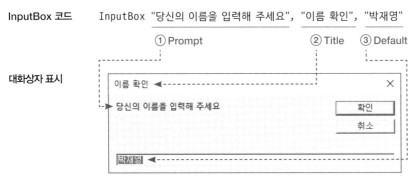

▲ InputBox 함수의 코드와 화면에 나타나는 대화상자 및 결과 비교

MsgBox 함수와 마찬가지로 인수의 순서를 바꾸어 입력하려면 다음과 같이 쌍점과 등호를 이용해 함수의 인수를 각각 지정합니다.

```
InputBox Default:="박재영", Prompt:="당신의 이름을 입력해 주세요", Title:="이름 확인"
```

[InputBox_1] 프로시저에서는 대화상자를 표시하는 것 말고는 다른 코드를 작성하지 않았습니다. 그래서 대화상자에서 [확인]을 클릭해도 아무 결과가 나타나지 않습니다. 이번에는 [이름 확인] 대화상자에 이름을 입력하면 워크시트의 [A1] 셀에 입력한 값이 표시되는 방법을 알아보겠습니다. 완성 파일의 두 번째 프로시저입니다.

```
Sub InputBox_2()
YourName = InputBox("당신의 이름을 입력해 주세요", "이름 확인", "박재영")
Range("A1").Value = YourName
End Sub
```

[InputBox_2] 프로시저는 InputBox 함수로 대화상자를 표시한 후 입력란에 이름을 입력하면 해당 이름을 **YourName**이라는 **변수**로 받고, 해당 값을 [A1] 셀에 표시합니다. 변수란 프로그램이 실행되는 과정에서 입출력되는 값 혹은 중간 값을 일시적으로 저장 또는 기억하는 공간을 말합니다. VBA에서는 임의의 텍스트(여기서는 **YourName**)를 변수로 정하고 해당 변수에 숫자 또는 문자열 등의 값을 담아서 사용합니다.

코드를 분석해보겠습니다. InputBox 함수로 이름을 입력받아 **YourName**이라는 변수에 먼저 담고, [A1] 셀(**Range("A1")**)의 값(**Value**)을 **YourName**이라는 변수에 담긴 값(InputBox에서 입력한 문자열 값)으로 지정해줍니다.

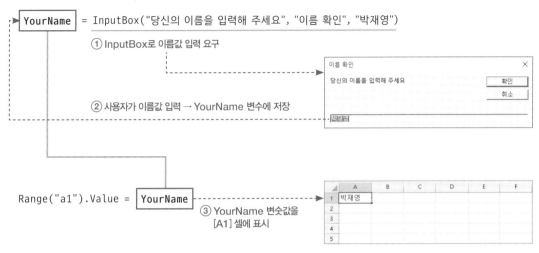

InputBox_2 코드   InputBox 및 워크시트 표시

YourName = InputBox("당신의 이름을 입력해 주세요", "이름 확인", "박재영")

① InputBox로 이름값 입력 요구

② 사용자가 이름값 입력 → YourName 변수에 저장

Range("a1").Value = YourName

③ YourName 변숫값을
[A1] 셀에 표시

▲ InputBox 함수의 코드와 화면에 나타나는 대화상자 및 결과 비교

[InputBox_2] 프로시저를 실행해보겠습니다. 대화상자의 입력란에 '박재영'이 입력된 상태에서 [확인]을 클릭하면 [A1] 셀에 '박재영'이 표시됩니다. 만약 대화상자의 입력란에서 '박재영'을 지우고 본인 이름을 직접 입력한 후 [확인]을 클릭하면 본인 이름이 [A1] 셀에 표시됩니다. 이 경우에는 **YourName** 변숫값으로 본인 이름이 지정되었기 때문입니다. [취소]를 클릭하면 [A1] 셀에 입력된 값이 없으므로 표시되지 않으며 아무런 동작도 하지 않게 됩니다.

친절한 POINT NOTE   InputBox 함수와 변수 핵심정리

- InputBox는 입력한 값을 변수로 받아 처리하는 VBA 함수입니다.
- InputBox의 핵심 요소는 Prompt, Title, Default입니다. 이 중 Prompt는 반드시 입력해야 하는 필수 요소이고 나머지 Title, Default는 선택 요소로서 필요할 경우 별도로 지정합니다.
- 변수란 프로그램 시행 도중에 입출력되는 값 혹은 중간값을 일시적으로 저장 또는 기억하는 공간을 말합니다.

다음 [LineSample1] 프로시저는 a, b, c라는 변수에 각각 1, 2, 3이라는 값을 담고, 세 값을 더한 결과를 MySum이라는 변수에 담아 대화상자 형태로 보여줍니다.

```
Sub LineSample1()
a = 1
b = 2
c = 3
Mysum = a + b + c
MsgBox Mysum
End Sub
```

위 코드는 다음과 같이 간단히 한 줄로 표시할 수 있습니다. 코드를 작성할 때는 한 줄에 하나의 문장을 작성하는 것이 일반적인 관례입니다. 그러나 위 예제처럼 한 줄에 들어가는 내용이 간단하다면 한 줄에 여러 문장을 작성하고 이 경우 각 문장을 쌍점(:)으로 구분합니다.

```
Sub LineSample2()
a = 1: b = 2: c = 3: Mysum = a + b + c: MsgBox Mysum
End Sub
```

반대로 코드가 길 때는 VB 편집기의 [코드] 창에서 계속 오른쪽으로 길게 작성해도 되지만 보통 다음 코드처럼 **공백+언더바(_)**를 입력한 후 아래 줄에 계속 이어서 코드를 작성합니다. [LineSample3] 프로시저의 코드는 [Sheet1] 시트의 [A1] 셀 값과 [Sheet2] 시트의 [A3] 셀 값을 더한 결과를 MySum이란 변수에 담으라는 의미입니다.

```
Sub LineSample3()
MySum = Worksheets("Sheet1").Range("A1").Value + _
Worksheets("Sheet2").Range("A3").Value
End Sub
```

마지막으로 VBA에서는 대소문자를 가리지 않습니다. 하지만 대부분의 변수나 프로시저 이름은 가독성을 높이기 위해 대소문자를 구분해서 사용합니다. 예를 들어 linesample이나 mysum보다는 LineSample, MySum과 같은 형태가 가독성이 더욱 좋습니다. VBA 코드를 작성하다 보면, 가독성을 높이기 위해 VB 편집기가 자동으로 공백을 삽입해주거나 대소문자를 바꿔주는 경우가 있습니다. 다음과 같이 코드를 입력해보세요.

```
activesheet.range("b1").value=x+y
```

이와 같이 코드를 입력하고 Enter 를 누르면 코드에 다음과 같이 띄어쓰기와 대소문자가 적용됩니다.

```
ActiveSheet.Range("b1").Value = x + y
```

이렇게 자동으로 대문자와 띄어쓰기가 적용되는 이유는 코드를 작성할 때 오류를 방지하기 위함입니다. 모두 소문자로 입력했는데, 특정 개체, 메서드, 속성 등이 앞 글자가 대문자로 바뀌지 않으면 입력한 코드에 오타가 있다는 의미입니다. 그리고 이 코드에서 따옴표 안에 있는 문자열인 b1은 대문자나 소문자로 바뀌지 않고 코드에 입력한 대로 그대로 표시되지만, 프로시저 작동에는 아무런 지장이 없습니다.

본격
실습

엑셀 작업에 메서드와 속성 써먹기

메서드와 속성을 활용하여 특정 셀 범위를 복사하고 해당 값만 붙여 넣는 프로시저를 만들어보겠습니다. VBA에서 Copy는 복사, Paste는 붙여넣기를 뜻합니다. PasteSpecial은 [선택하여 붙여넣기] 기능에 해당하는 메서드입니다. Copy, Paste, PasteSpecial 등의 메서드는 모두 Range 개체 뒤에 사용할 수 있습니다. 셀 범위를 복사해서 값만 붙여 넣는 작업은 매크로로 기록한 후 기록된 코드를 분석해서 더욱 간단하게 수정하는 방식으로 작업해보겠습니다.

STEP 01 PasteSpecial 메서드로 내용 복사하고 붙여넣기

예제 파일 CHAPTER 03\04_PasteSpecial.xlsm
완성 파일 CHAPTER 03\04_PasteSpecial_완성.xlsm

01 예제 파일을 엽니다. [B2:D9] 셀 범위의 매출 데이터를 복사해서 [F2:H9] 셀 범위에 값만 붙여 넣는 작업을 매크로로 기록해보겠습니다. ① [B2] 셀을 클릭하고 ② [개발 도구] 탭-[코드] 그룹-[매크로 기록]을 클릭합니다. ③ [매크로 기록] 대화상자가 나타나면 [확인]을 클릭합니다.

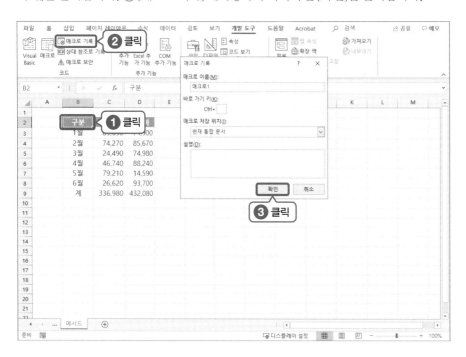

02 ① [B2:D9] 셀 범위를 선택하고 ② [홈] 탭-[클립보드] 그룹-[복사🗐]를 클릭합니다. ③ [F2] 셀을 클릭하고 ④ [홈] 탭-[클립보드] 그룹-[붙여넣기]-[값 붙여넣기]-[값🔢]을 클릭합니다.

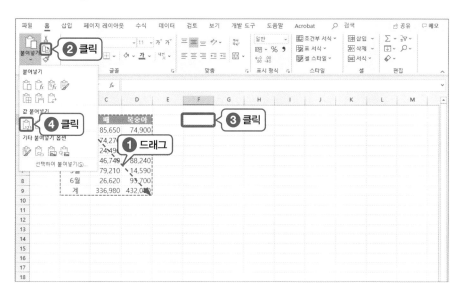

TIP ②번에서는 복사할 때는 Ctrl + C 를 눌러도 됩니다. ④번에서는 셀에서 마우스 오른쪽 버튼을 클릭한 후 [선택하여 붙여넣기]를 클릭합니다. [선택하여 붙여넣기] 대화상자가 나타나면 [붙여넣기] 옵션의 [값]을 클릭한 후 [확인]을 클릭해도 됩니다.

03 [개발 도구] 탭-[코드] 그룹-[기록 중지]를 클릭합니다. 기록한 매크로는 [B2:D9] 셀 범위를 복사하여 [F2:H9] 셀 범위에 값만 붙여 넣는 프로시저입니다. [F2:H9] 셀 범위의 내용을 삭제한 후 매크로를 실행하면 [B2:D9] 셀 범위를 복사하여 자동으로 [F2:H9] 셀 범위에 값만 붙여 넣는 작업이 실행됩니다.

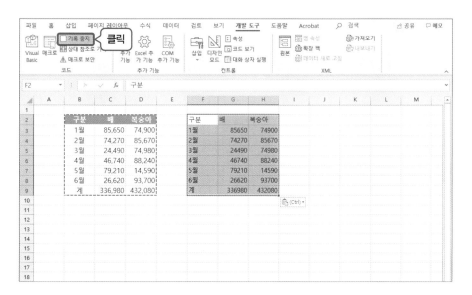

04 이번에는 [매크로1] 매크로의 VBA 코드가 어떻게 기록되어 있는지 VB 편집기를 확인하여 코드를 분석해보겠습니다. [개발 도구] 탭-[코드] 그룹-[Visual Basic]을 클릭한 후 VB 편집기의 [프로젝트 탐색기] 창에서 [Module1]을 더블클릭하면 [코드] 창에 다음 코드가 나타납니다.

```
Sub 매크로1()
' 매크로1 매크로
    Range("B2:D9").Select  ─────▶ ❶ [B2:D9] 셀 범위를 선택하고
    Selection.Copy  ─────▶ ❷ 선택한 영역을 복사하라
    Range("F2").Select  ─────▶ ❸ [F2] 셀을 선택하고
    Selection.PasteSpecial Paste:=xlPasteValues, Operation:=xlNone, SkipBlanks _
       ─────▶ ❹ 붙여넣기 옵션에서 값만 붙여넣기를 적용한 후
       :=False, Transpose:=False  ─────▶ ❺ 나머지 옵션은 False로 두어라
End Sub
```

> **TIP** 두 번째 줄의 따옴표(')와 같이 입력된 **매크로1 매크로**는 주석입니다. 프로시저 실행에는 영향을 미치지 않습니다.

위 [매크로1] 프로시저의 코드는 ① [B2:D9] 셀 범위(**Range("B2:D9")**)를 선택하고(**Select**) ② 현재 선택한 영역(**Selection**)을 복사하라. ③ [F2] 셀(**Range("F2")**)을 선택하고(**Select**) ④ 선택한 영역(**Selection**)에 [선택하여 붙여넣기](**PasteSpecial**)를 적용하되, [붙여넣기 옵션]에서 [값만 붙여넣기](**xlPasteSpecial**)를 적용한 후 ⑤ 나머지 옵션은 **False**로 두어라라는 의미입니다.

여기서 **Range("B2:D9")**, **Selection**, **Range("F2")** 등은 개체입니다. 일을 시킬 대상이 되는 것이죠. 그리고 **Select**나 **PasteSpecial** 등은 메서드입니다. 코드에서 메서드는 개체 뒤에 붙이며, 해당 개체에서 어떤 작업을 하라는 의미가 됩니다.

위 [매크로1] 프로시저는 VBA를 이용해 간단한 형태로 수정할 수 있습니다. 두 코드를 비교하기 위해 [매크로1] 프로시저 바로 아래에 [MyCopy] 프로시저를 새로 만들어 아래와 같이 작성해보세요.

```
Sub MyCopy()
    Range("B2:D9").Copy  ─────▶ [B2:D9] 셀 범위를 복사하고
    Range("F2").PasteSpecial xlPasteValues  ─────▶ [F3] 셀에 값만 붙여 넣어라
End Sub
```

매크로로 기록한 [매크로1] 프로시저나 VBA로 작성한 [MyCopy] 프로시저나 실행 결과는 동일합니다. 다만 VBA로 작성하면 코드가 간결하여 알아보기 쉬우며, 다른 사람이 코드를 수정할 경우에도 더 편리합니다. [매크로1]와 [MyCopy] 프로시저의 코드를 비교하면 다음과 같습니다.

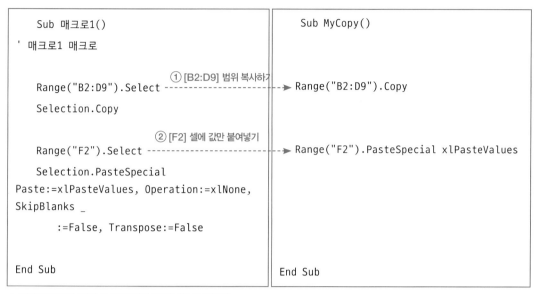

매크로 기록 코드	VBA 코드

```
    Sub 매크로1()
' 매크로1 매크로

    Range("B2:D9").Select
    Selection.Copy

    Range("F2").Select
    Selection.PasteSpecial
Paste:=xlPasteValues, Operation:=xlNone,
SkipBlanks _
        :=False, Transpose:=False

End Sub
```

① [B2:D9] 범위 복사하기

② [F2] 셀에 값만 붙여넣기

```
    Sub MyCopy()



    Range("B2:D9").Copy



    Range("F2").PasteSpecial xlPasteValues







End Sub
```

▲ 매크로 기록으로 생성된 코드와 VBA로 직접 작성한 코드의 차이

위 코드는 두 가지 작업으로 요약됩니다. [B2:D9] 셀 범위를 복사하는 작업과 [F2] 셀에 값만 선택하여 붙여 넣는 작업입니다. 매크로로 기록된 작업도 크게는 두 개의 구문입니다. 첫 번째 구문은 '특정 셀 범위를 선택하여(Select), 선택한 영역(Selection)을 복사하라(Copy)'는 작업을 긴단히 '특정 셀 범위를 복사하라'는 식으로 수정한 것입니다.

두 번째 구문도 마찬가지 구조로 PasteSpecial 메서드를 사용한 것입니다. 그리고 PasteSpecial의 각 옵션들 중 [값만 붙여넣기](xlPasteValues)만 남겨두고 나머지 기본값은 모두 생략했습니다. 이처럼 각 작업들을 매크로로 기록해보고 VBA로 간단히 코드로 만드는 작업을 하면서 각 메서드의 사용법을 익혀보세요.

STEP 02 | ColumnWidth 속성으로 열 너비 지정하기

예제 파일 CHAPTER 03\05_ColumnWidth.xlsm
완성 파일 CHAPTER 03\05_ColumnWidth_완성.xlsm

열 너비를 지정하는 VBA 속성이 어떤 것인지 알아보기 위해 [C2] 셀의 열 너비를 15로 지정하는 작업을
매크로로 기록해보겠습니다.

01 예제 파일을 엽니다. ① [C2] 셀을 클릭하고 ② [개발 도구] 탭-[코드] 그룹-[매크로 기록]을 클릭
합니다. [매크로 기록] 대화상자가 나타나면 ③ [확인]을 클릭합니다.

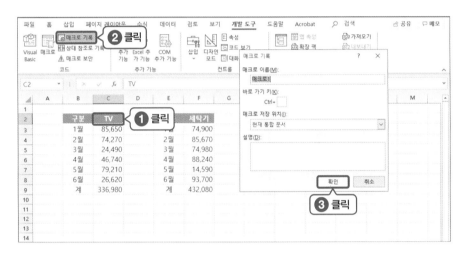

02 ① [홈] 탭-[셀] 그룹-[서식]-[열 너비]를 클릭합니다. ② [열 너비] 대화상자에 **15**를 입력한 후
[확인]을 클릭합니다.

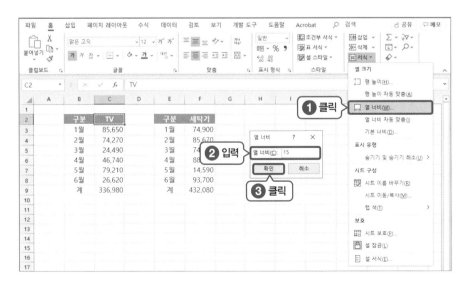

03 [개발 도구] 탭-[코드] 그룹-[기록 중지]를 클릭합니다. C열의 너비를 다른 값으로 바꾼 후 [개발 도구] 탭-[코드] 그룹-[매크로]를 클릭하고 기록한 매크로를 실행하면 C열의 너비가 15로 지정됩니다.

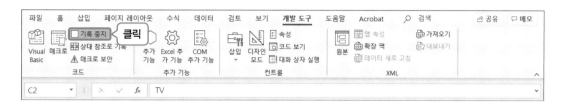

04 기록한 매크로의 프로시저가 어떻게 기록되어 있는지 VB 편집기를 확인하여 코드를 분석해보겠습니다. [개발 도구] 탭-[코드] 그룹-[Visual Basic]을 클릭한 후 VB 편집기의 [프로젝트 탐색기] 창에서 [Module1]을 선택합니다. 오른쪽 [코드] 창에 다음과 같이 코드가 기록되어 있습니다.

```
Sub 매크로2()
' 매크로2 매크로
    Selection.ColumnWidth = 15    ──▶ 선택한 셀의 열 너비를 15로 지정하라
End Sub
```

TIP 경우에 따라 VBA 코드에 입력된 주석이 3~4줄이 될 때도 있습니다. 프로시저 실행에는 영향을 미치지 않습니다.

ColumnWidth는 열의 너비를 지정하는 속성입니다. 즉 위 [매크로2] 프로시저는 '선택한 영역(**Selection**)의 열 너비(**ColumnWidth**)를 15로 지정하라'는 의미가 됩니다. 매크로를 기록하기 전에 [C2] 셀을 선택한 상태에서 매크로 기록했기 때문에 [C2]를 포함한 전체 C열의 너비가 15로 지정되는 것입니다. 위 코드를 다음과 같이 [MyCW]란 프로시저로 간단히 수정해보겠습니다.

```
Sub MyCW()
    Range("C2").ColumnWidth = 15    ──▶ [C2] 셀의 열 너비를 15로 지정하라
End Sub
```

이처럼 ColumnWidth가 열 너비를 지정하는 속성이라는 것만 알고 있으면 VBA 코드로 셀 너비를 지정하는 코드를 쉽게 작성할 수 있습니다. 위 코드는 다음과 같이 작성해도 동일한 결과를 얻을 수 있습니다.

```
Columns("C").ColumnWidth = 15
```

[MyCW] 프로시저처럼 **Range("C2")**를 기준으로 열 너비(**ColumnWidth**)를 지정한 것이 아니라, C열(**Columns("C")**)을 기준으로 열 너비(**ColumnWidth**)를 지정한 것입니다. 또한 위 코드는 **Columns("C")**라는 개체 대신 세 번째 열을 뜻하는 **Columns(3)**라고 입력해도 동일한 결과가 적용됩니다.

```
Columns(3).ColumnWidth = 15
```

만약 F열의 너비를 C열 너비와 똑같이 하려면 VBA 코드로 어떻게 작성할까요? 다음과 같이 'F열의 너비를 C열의 너비와 같게 하라'는 의미의 코드로 작성하면 간단합니다.

```
Columns("F").ColumnWidth = Columns("C").ColumnWidth
```

위 코드는 'F열(**Columns("F")**)의 열 너비(**ColumnWidth**)를 C열(**Columns("C")**)의 열 너비(**ColumnWidth**)와 동일하게 지정하라'는 의미입니다. C열의 너비가 15로 지정되어 있으면 F열의 너비도 15로 지정되고, C열의 너비가 10으로 지정되어 있으면 F열의 너비도 10으로 지정되겠지요.

VBA에서 C열을 언급할 때 **Columns("C")**라고 입력한 것처럼 5행을 언급할 때에는 **Rows("5")**라고 입력합니다. VBA로 행 높이는 어떻게 지정할까요? 행 높이를 나타내는 속성은 **RowHeight**입니다. 앞에서 매크로 기록으로 열 너비 속성이 ColumnWidth란 것을 알 수 있었던 것처럼 행 높이도 매크로로 기록해 보면 VBA 코드에서 RowHeight가 행 높이를 지정하는 속성임을 알 수 있습니다. 예를 들어, 5행의 높이를 12로 지정하는 코드는 다음과 같이 작성할 수 있습니다.

```
Rows("5").RowHeight = 12
```

Columns("C")를 **Columns(3)**이라고 입력한 것처럼 **Rows("5")**는 **Rows(5)**라고 입력해도 됩니다. **Rows("5")**는 5행의 의미이고, **Rows(5)**는 다섯 번째 행이라는 의미로 결국 둘 다 같은 구문입니다.

```
Rows(5).RowHeight = 12
```

7행의 높이를 5행의 높이와 같은 값으로 지정하는 코드는 다음과 같습니다.

```
Rows("7").RowHeight = Rows("5").RowHeight
```

MsgBox와 InputBox로 대화형 작업 만들기

앞에서 대화상자에 특정 텍스트를 표시하는 MsgBox 함수의 기본 개념과 사용 방법을 배웠습니다. MsgBox 대화상자를 사용하는 것이 의미가 있으려면 사용자가 버튼을 클릭했을 때 거기에 맞는 후속 작업이 있어야 합니다. 이번에는 MsgBox에서 [예] 또는 [아니요] 등을 클릭하는 각각의 경우 따라 다른 작업을 하는 법을 배우겠습니다.

STEP 01 MsgBox로 셀에 색상 지정하기

예제 파일 CHAPTER 03\06_MsgBox_If.txt
완성 파일 CHAPTER 03\06_MsgBox_If_완성.xlsm

새 통합 문서를 열고 VB 편집기에서 [Module1]을 추가한 후 예제 파일을 참조하여 [코드] 창에 다음과 같이 코드를 작성합니다. 이 코드에서는 If 구문이 사용되었습니다. 아직 배우지 않은 부분이므로 일단 코드를 입력하면서 변수에 따른 결과가 어떻게 달라지는지 확인해보겠습니다.

```
Sub ReturnValue()

Answer = MsgBox("현재 셀을 빨간색으로 칠할까요?", vbYesNo)   ──▶ 대화상자에서 [예], [아니요]의
결과를 변수 Answer로 지정하라

    If Answer = vbYes Then   ──▶ 만약 [예]를 클릭하면
      ActiveCell.Interior.ColorIndex = 3   ──▶ 현재 선택한 셀 색을 빨간색으로 지정하고
    Else   ──▶ 그렇지 않으면([아니요]를 클릭하면)
      ActiveCell.Interior.ColorIndex = 0   ──▶ 현재 선택한 셀 색을 흰색으로 지정하라
    End If

End Sub
```

TIP If 구문에 대한 자세한 설명은 p.093를 참고하세요.

앞 [ReturnValue] 프로시저를 실행하면 '현재 셀을 빨간색으로 칠할까요?'라는 대화상자가 나타납니다. 이때 [예]를 클릭하면 현재 선택한 셀색이 빨간색으로 지정되고, [아니요]를 클릭하면 흰색으로 지정됩니다.

위 [ReturnValue] 프로시저에서는 MsgBox 대화상자로 질문하고, MsgBox의 반환 값([예] 또는 [아니요])을 **Answer**라는 변수에 담습니다. [예]를 클릭하여 **Answer**의 값이 **vbYes**인 경우에는 현재 셀 내부(**ActiveCell.Interior**)의 색상값(**ColorIndex**)이 빨간색(**3**)으로 지정됩니다. 반면 [아니요]를 클릭하여 **Answer**의 값이 **vbNo**인 경우에는 **ActiveCell.Interior.ColorIndex**가 흰색(**0**)으로 지정합니다.

VBA에서 MsgBox의 반환값의 상수는 다음 표와 같습니다.

상수	값	설명
vbOK	1	[확인]을 클릭했습니다.
vbCancel	2	[취소]를 클릭했습니다.
vbAbort	3	[중지]를 클릭했습니다.
vbRetry	4	[다시 시도]를 클릭했습니다.
vbIgnore	5	[무시]를 클릭했습니다.
vbYes	6	[예]를 클릭했습니다.
vbNo	7	[아니요]를 클릭했습니다.

▲ MsgBox의 반환값

앞에서 설명한 Buttons 인수처럼 상수 대신 속성값을 직접 입력할 수도 있습니다. 즉, 앞의 [ReturnValue] 프로시저의 **If Answer = vbYes Then** 구문 대신 **If Answer = 6 Then**과 같이 사용해도 무방합니다.

자주 사용되는 Buttons 인수나 반환값들은 값의 형태로 외워서 사용하면 편리합니다. 그러나 이러한 값을 모두 기억하기 힘들고 다른 사람이 코드를 보고 수정하기 어려울 수 있으므로 가독성을 높이기 위해 상숫값으로 사용하는 것이 좋습니다.

VBA에서 ColorIndex 속성은 글꼴(Font) 개체, 외곽선(Borders) 개체, 내부(Interior) 개체에 색상을 표현합니다. 색상을 표현하는 속성값은 0~56 사이의 숫자입니다. ColorIndex의 속성값 0은 아무런 색상도 없는 경우이고 1은 검정색, 3은 파란색, 5는 빨간색입니다. 다음 코드를 살펴보겠습니다.

```
Range("A1").Font.ColorIndex = 1        ──▶ [A1] 셀의 글꼴 색을 검정색으로 지정하라
Range("A1").Borders.ColorIndex = 3     ──▶ [A1] 셀의 외곽선 색상을 빨간색으로 지정하라
Range("A1").Interior.ColorIndex = 5    ──▶ [A1] 셀의 내부 색상(셀 색)을 파란색으로 지정하라
```

다른 코드를 예로 들어보겠습니다. 다음 코드를 작성한 후 임의의 시트에 다음 코드를 실행하면 A열에는 ColorIndex 값이, B열에는 해당 색상이 나타납니다. 배우지 않은 For~Next 순환문을 사용하지만, 찬찬히 따라 해보면서 ColorIndex의 사용법을 살펴보세요.

```
Sub MyColorIndex()

Dim i As Integer        ──▶ i라는 변수를 정수(Integer) 형태로 선언하라

For i = 1 To 56         ──▶ i 값이 1부터 56까지 하나씩 증가할 때
Cells(i, 1).Value = i    ──▶ i행 1열(A열)의 값은 i로 하고
Cells(i, 2).Interior.ColorIndex = i    ──▶ i행 2열(B열)의 내부 색상 값은 i 값으로 하라
Next i

End Sub
```

위 코드에서 Cells는 특정 셀을 나타내는 개체입니다. 그래서 Cells(2,3)라고 하면 워크시트 상에서 2행 3열에 위치한 셀, 즉 [C2] 셀을 말합니다. 따라서 VBA에서 Cells(2,3)은 Range("C2")와 같습니다. 다만 위 예제와 같이 For~Next와 같은 순환문을 사용할 경우 Cells와 같은 개체를 사용하는 것이 편리합니다. For~Next와 같이 순환문을 사용하는 작업은 CHAPTER 04에서 알아보겠습니다.

TIP 나머지 ColorIndex 색상에 대해서는 [홈] 탭–[글꼴] 그룹에서 글꼴 색을 변경하는 작업을 매크로로 기록하고 코드를 확인하면 해당 글꼴 색의 ColorIndex 속성 값을 알 수 있습니다.

STEP 02 — InputBox로 섭씨 온도를 화씨 온도로 변환하기

예제 파일 CHAPTER 03 \ 07_InputBox_tmp.txt

완성 파일 CHAPTER 03 \ 07_InputBox_tmp_완성.xlsm

InputBox 함수는 입력되는 값을 받아서 결괏값을 도출할 수 있습니다. 다음 예제는 InputBox 대화상자에서 '섭씨 온도를 입력해주세요'라는 메시지를 표시한 후, 입력란에서 섭씨 온도를 입력 받아 화씨 온도로 변환하고 MsgBox 형태로 표시하는 프로시저입니다. 새 엑셀 문서를 열고 예제 파일을 활용해 VB 편집기에 다음 코드를 입력합니다.

```
Sub MyTmp()

    C = InputBox("섭씨 온도를 입력해 주세요")  ——▶ 대화상자의 입력 값을 변수 C로 지정하고

    F = C * 9 / 5 + 32  ——▶ C×9/5+32에 해당하는 값을 변수 F로 지정하라

    MsgBox "섭씨 " & C & "도를 화씨로 바꾸면 화씨 " & F & "도입니다."
    ——▶ 대화상자로 C와 F의 결괏값을 표시하라

End Sub
```

섭씨 온도의 입력 값을 **C**라는 변수에 담고, 'F = C * 9 / 5 + 32'라는 공식에 따라 화씨 온도로 변환한 값을 **F**라는 변수에 담습니다. 그리고 MsgBox 형태로 변수 **C**와 **F**의 결괏값을 보여줍니다. 위 [MyTmp] 프로시저를 실행하면 다음 대화상자가 나타납니다.

TIP MsgBox 뒤의 텍스트는 큰따옴표(")안에 입력하고 각 텍스트와 변수는 &로 연결할 수 있습니다. & 사이에 변수 C, F가 들어가 각 텍스트 사이에 입력한 섭씨 값과 화씨로 변환된 값이 나타나게 됩니다.

여기에 섭씨 온도에 해당하는 숫자를 입력하면 화씨 몇 도인지를 나타냅니다. 예를 들어 InputBox 대화상자의 입력란에 **18**을 입력하면 결괏값은 다음과 같이 MsgBox 대화상자로 표시됩니다.

핵심 실무 학습 혼자 해보기

예제 및 완성 파일 CHAPTER 03\학습점검.xlsm, 학습점검_완성.xlsm

01 [값붙여넣기] 버튼을 클릭하면 [B2:C5] 셀 범위를 복사하여 [E3:F6] 셀 범위에 [값만 붙여넣기]가 실행되는 코드를 작성합니다.

02 [열너비 지정하기] 버튼을 클릭하면 C열의 너비가 22로 지정되는 코드를 작성합니다.

03 [매출 입력하기] 버튼을 클릭하면 '4월 매출을 입력하세요.'라는 대화상자가 나타나고 입력란에 입력한 값을 [C6] 셀에 표시하는 코드를 작성합니다(여기서는 입력란에 임의로 **50000**을 입력했습니다).

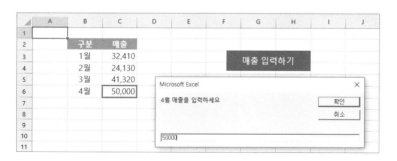

CHAPTER

04

VBA 주요 구문
살펴보기

이번
CHAPTER
에서는

🔍 **With~End With 구문 알아보기**

🔍 **IF, Select Case 조건문 알아보기**

🔍 **For~Next, Do~Loop 순환문 알아보기**

고수의 코딩에는 간결함이 있다

앞 CHAPTER에서 VBA의 기본 문법을 익히고 Workbook, Worksheet, Range 등의 개체를 기본으로 메서드나 속성을 조합하여 VBA 코드를 만드는 과정도 실습해봤습니다.

누구든 VBA를 어느 정도 배우면 원하는 작업을 코딩으로 구현할 수 있습니다. 하지만 VBA를 잘 쓰는 소위 '고수'의 VBA 구문은 아주 간결합니다. 특정 작업을 VBA 구문으로 작성할 때 초보자가 30행을 쓴다면, 고수는 단 5~6행 만으로 동일한 작업을 할 수 있습니다. 이렇게 짧은 구문은 가독성이 뛰어날 뿐만 아니라 다른 사람이 해당 구문을 분석하고 일부 기능을 추가하거나 변형하기도 편리합니다.

이렇게 VBA 고수처럼 간결하고 읽기 편하게 코딩하려면 잘 만든 VBA 구문을 계속 따라 하면서 익힐 수도 있겠지만, 무엇보다 앞에서 매크로를 기록해 분석한 내용을 바탕으로 VBA의 핵심 구문을 익히고 여러 방법으로 응용하는 것이 훨씬 효율적입니다.

VBA에서 가장 많이 쓰이는 기본 구문에는 순환문이나 조건문이 있습니다. 이번 CHAPTER에서는 순환문과 조건문의 패턴을 익혀보겠습니다. 순환문을 이용하면 엑셀에서 계속 반복하는 단순 작업을 몇 줄의 코드로 끝낼 수 있습니다. 그리고 몇 가지 조건에 따라 각기 다른 작업을 하도록 지정할 경우에는 조건문을 사용합니다. 조건문을 사용해 자동화하면 VBA가 조건에 따라 알아서 작동하기 때문에 작업 중간에 사람이 개입할 필요가 없습니다. 이러한 기본 구문을 익히고 배운 기능을 하나씩 조합하며 수정해 사용해보세요.

VBA의 기본 구문

원리 이해

With~End With 구문으로 개체는 한 번만 부른다

예제 파일 CHAPTER 04\01_VBA 주요 구문.xlsm [글자색] 시트
완성 파일 CHAPTER 04\01_VBA 주요 구문_완성.xlsm [글자색] 시트

With~End With 구문은 동일한 개체에 대해 여러 가지 작업을 지정할 때 개체명을 한 번만 사용해서 처리하는 구문입니다. 예를 들어 철수에게 '철수야, 일어나. 철수야, 세수해. 철수야, 학교 가.'와 같이 일을 시킬 때마다 이름을 부르지 않고, '철수야 일어나, 세수해, 학교 가.'와 같이 이름을 한 번만 말하고 일을 시킬 수 있습니다. 마찬가지로 **With~End With** 구문은 VBA에서 특정 셀 또는 워크시트 등 개체를 여러 번 언급할 때 사용하면 편리합니다. With~End With 구문은 기본적으로 오른쪽과 같이 작성합니다. 특정 개체명이 반복적으로 사용될 때 해당 개체명 앞에 With를 붙여 한 번만 언급해주는 형식입니다.

```
With 개체명
    .속성
    .메서드
End With
```

With~End With 구문의 전체 구조를 분석해보면 다음과 같습니다.

▲ With~End With 구문의 기본 구조

TIP 참고로 구문을 표시할 때 물결 표시(~)는 VBA 코드에 대한 생략을 의미합니다. 앞의 CHAPTER 03에서 Sub와 End Sub 사이의 물결 표시처럼 With와 End With 사이에 물결 표시를 한 것은 이 부분에 원하는 VBA 코드를 입력할 수 있다는 의미입니다.

실제 예제로 알아보겠습니다. [B2] 셀에 **50**을 입력하고 글꼴 색을 파란색으로 지정하기 위해 다음과 같이 코드를 작성합니다.

```
Sub 글자색1()
    Range("B2").Value = 50         ──▶ [B2] 셀에 50을 입력하라
    Range("B2").Font.Color = vbBlue  ──▶ [B2] 셀의 글꼴 색을 파란색으로 지정하라
End Sub
```

[글자색1] 프로시저를 실행하면 다음과 같이 [B2] 셀에 **50**이 입력되고 글꼴 색은 파란색이 됩니다.

	A	B	C	D	E	F	G	H	I
1									
2		50							
3									
4									
5									
6						글자색1			
7									
8									
9									
10									
11									

[글자색1] 프로시저의 코드를 보면 **Range("B2")** 개체를 두 번 반복해서 입력했습니다. With~End With 구문을 사용할 경우 개체를 매번 호출(입력)할 필요 없이 다음과 같이 표현할 수 있습니다.

```
Sub 글자색2()
    With Range("B2")        ──▶ [B2] 셀에 대해
        .Value = 50         ──▶ 셀 값으로 50을 입력하고
        .Font.Color = vbBlue  ──▶ 글꼴 색을 파란색으로 지정하라
    End With
End Sub
```

이처럼 With~End With 구문을 사용하면 **Range("B2")**라는 개체명을 여러 번 입력하지 않고 한 번만 입력해도 됩니다. 이 경우에는 개체명이 **Range("B2")**와 같이 간단해서 일일이 입력하더라도 크게 번거롭지 않을 수 있으나, 개체명이 **Workbooks("매출.xlsw").Worksheets("1월").Range("A1")**과 같이 긴 경우에는 With~End With 구문을 사용하는 것이 편리합니다.

With~End With 구문을 사용하면 VBA 코드에 대한 가독성이 훨씬 높아집니다. 다른 사람이 코드를 수정할 경우 With~End With 구문으로 정리한 것이 읽기 쉽습니다. 또한 특정 개체를 수정하기에도 용이합니다. 예를 들어 Range("B2")를 Range("D15")로 수정할 경우 각 개체를 수정하는 대신 With 뒤에 쓰인 개체 하나만 수정하면 됩니다.

● With~End With 구문을 이용하면 동일한 개체를 여러 번 반복적으로 사용할 때 개체명을 한 번만 입력해서 코드를 작성할 수 있습니다.

● 코드에서 반복되는 개체명을 줄여 코드를 훨씬 간결하게 표현할 수 있습니다. 그래서 VBA 코드에 대한 가독성을 높이며 코드 일부를 수정할 때에도 편리합니다.

If~End If 조건문으로 조건에 따라 작업을 처리한다

예제 파일 CHAPTER 04\01_VBA 주요 구문.xlsm [합격표시] 시트
완성 파일 CHAPTER 04\01_VBA 주요 구문_완성.xlsm [합격표시] 시트

If 조건문은 특정 조건을 만족할 경우 특정 작업을 실행하는 구문입니다. If 조건문은 기본적으로 다음과 같이 작성합니다. IF 뒤에 해당 조건을 입력하고 Then까지 같은 줄에 입력합니다. 다음 행에는 조건에 해당할 경우 실행될 처리구문을 입력한 후 마지막 줄에 End If 라고 입력합니다. If 조건문의 가장 기본이 되는 If~End If 구문입니다.

```
IF 조건 Then
    처리
End If
```

If 조건문은 특정 조건을 만족하는 경우에만 결과를 처리하고, 해당 조건을 만족하지 않는 경우에는 아무것도 실행하지 않습니다. IF 조건문의 구조를 분석해보면 다음과 같습니다.

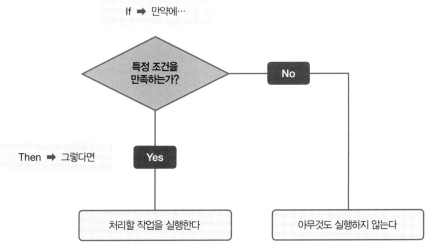

▲ If 조건문의 구조

예를 들어 [D3] 셀의 값이 90 이상이면 '합격'이라는 메시지를 대화상자에 표시하려고 합니다. 다음 [합격
표시] 프로시저의 구성을 확인해보겠습니다.

```
Sub 합격표시()
    If Range("D3").Value >= 90 Then  ⟶ [D3] 셀 값이 90보다 크거나 같으면
        MsgBox "합격"  ⟶ 대화상자에서 '합격'을 표시하라
    End If
End Sub
```

TIP VBA에서 사용하는 비교 연산자 중 '>'는 크다, '<'는 '작다, '>='는 크거나 같다, '<='는 작거나 같다, '='는 같다, '<>'는 다르다는 의미입니다.

[합격표시] 프로시저는 [D3] 셀(**Range("D3")**)의 값(**Value**)이 90보다 크거나 같으면(**>= 90**) 대화상자
로 '합격'이라는 메시지가 표시되고, 90보다 작은 값일 경우에는 아무것도 표시되지 않습니다. 시트에서
[D3] 셀에 **95**를 입력하고 [합격표시] 프로시저를 실행하면 다음과 같은 결과가 나타납니다.

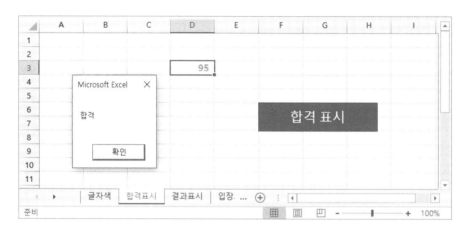

TIP [D3] 셀의 값을 89 혹은 더 작은 값으로 바꾼 후 [합격 표시]를 클릭하면 아무런 메시지도 나타나지 않습니다.

If~Else 조건문으로 조건에 따라 다른 작업 실행하기

예제 파일 CHAPTER 04\01_VBA 주요 구문.xlsm [합격불합격표시] 시트
완성 파일 CHAPTER 04\01_VBA 주요 구문_완성.xlsm [합격불합격표시] 시트

If~End If는 특정 조건을 만족할 경우에만 처리할 작업을 실행하는 조건문입니다. 만약 특정 조건을 만
족할 경우에는 '처리 A'를 실행하고, 만족하지 않을 경우에는 '처리 B'를 실행하도록 지정할 수도 있습니

다. 이때 **If~Else 조건문**을 사용합니다. If~End If 조건문에서 Then 다음에 조건을 만족할 때의 처리작업을 입력했는데, 조건을 만족하지 않아 다른 작업을 처리해야 할 경우 Else 다음에 코드를 작성하면 됩니다.

```
If 조건 Then
처리 A
Else
처리 B
End If
```

If~Else 조건문을 도식화하여 설명하면 다음과 같습니다.

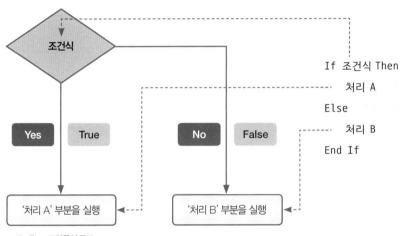

```
If 조건식 Then
    처리 A
Else
    처리 B
End If
```

▲ If~Else 조건문의 구조

예를 들어 [D3] 셀의 값이 60 이상이면 대화상자로 '합격' 메시지를 표시하고, [D3] 셀의 값이 60보다 작으면 '불합격' 메시지를 표시하려고 합니다.

```
Sub 합격불합격표시()
    If Range("D3").Value >= 60 Then  ─────▶ [D3] 셀 값이 60보다 크거나 같으면
        MsgBox "합격"  ─────▶ 대화상자로 '합격'을 표시하고
    Else  ─────▶ 그렇지 않으면
        MsgBox "불합격"  ─────▶ 대화상자로 '불합격'을 표시하라
    End If
End Sub
```

[D3] 셀 값으로 **50**을 입력한 상태에서 [합격불합격표시] 프로시저를 실행하면, [D3] 셀 값이 60보다 작으므로 대화상자에서 '불합격'이라는 메시지가 표시됩니다.

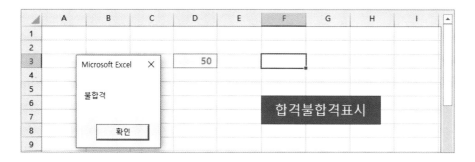

If~ElseIf~Else 조건문으로 다중 조건 처리구문 만들기

예제 파일 CHAPTER 04\01_VBA 주요 구문.xlsm [결과표시] 시트
완성 파일 CHAPTER 04\01_VBA 주요 구문_완성.xlsm [결과표시] 시트

If 조건문을 좀 더 응용해 여러 조건에 따라 각각 다른 작업 결과가 나타나게 만들 수도 있습니다. '조건 A'를 만족하면 '처리 A'를 실행하고, '조건 B'를 만족하면 '처리 B'를 실행하고, '조건 C'를 만족하면 '처리 C'를 실행하고, 나머지의 경우(조건을 모두 만족하지 않는 경우) '처리 X'를 실행하려면 다음과 같이 **If~ElseIf~Else 조건문**을 사용합니다.

```
IF 조건 A Then
처리 A
ElseIf 조건 B Then
처리 B
ElseIf 조건 C Then
처리 C
Else
처리 X
End If
```

If~ElseIf~Else 조건문을 사용하면 다중 조건에 대한 처리구문을 만들 수 있습니다. 중간에 들어가는 조건들은 ElseIf~Then 구문 형태로 각각 작성하고, 제시된 조건들에 전혀 해당하지 않는 나머지 경우에는 Else 다음에 처리구문을 입력합니다.

예를 들어, [D3] 셀 값이 80 이상이면 '우수', 60 이상이면 '양호', 60 미만이면 '불량'이라고 대화상자에 표시하는 구문을 만들어봅시다. 이렇게 세 가지 조건에 따라 다른 결과가 나오는 과정을 그림으로 나타내면 다음과 같습니다.

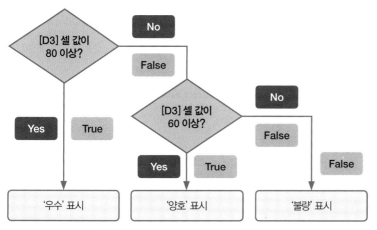

▲ If~ElseIf~Else 조건문의 구조

```
Sub 결과표시()
    If Range("D3").Value >= 80 Then      ⟶ [D3] 셀 값이 80보다 크거나 같으면
        MsgBox "우수"      ⟶ 대화상자로 '우수'를 표시하고
    ElseIf Range("D3").Value >= 60 Then      ⟶ [D3] 셀 값이 60보다 크거나 같으면
        MsgBox "양호"      ⟶ 대화상자로 '양호'를 표시하고
    Else      ⟶ 그렇지 않으면
        MsgBox "불량"      ⟶ 대화상자로 '불량'을 표시하라
    End If
End Sub
```

[D3] 셀에 **75**가 입력된 상태에서 위 [결과표시] 프로시저를 실행하면 [D3] 셀 값이 60 이상 80 미만이므로 '양호'가 메시지가 나타납니다.

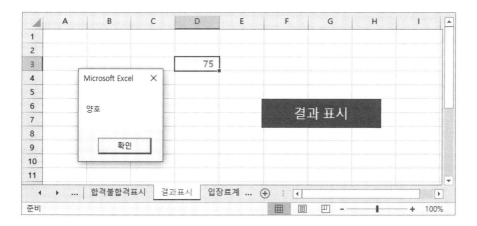

이처럼 If 구문은 단순하게 If~End If 구문으로 사용하기도 하고, 좀 더 응용하여 If~Else~End If 형태 또는 If~ElseIf~Else~End If 형태 등으로 사용하기도 합니다.

- If 조건문은 각 조건에 따른 특정 작업을 실행하도록 할 때 유용합니다.

- If 조건문은 If~End If, If~Else~End If, If~ElseIf~Else~End If 등 다양하게 응용이 가능합니다.

- 이 경우 특정 조건은 비교연산자(=, 〈, 〈=, 〉, 〉=, 〈〉 등)를 적절히 활용하여 지정해줍니다.

조건에 따라 다르게 실행되는 Select Case 조건문

예제 파일 CHAPTER 04 \ 01_VBA 주요 구문.xlsm [입장료계산] 시트
완성 파일 CHAPTER 04 \ 01_VBA 주요 구문_완성.xlsm [입장료계산] 시트

VBA 조건문에는 **Select Case 조건문**도 있습니다. Select Case 조건문은 여러 조건에서 각각 다른 결과치를 처리할 때 편리합니다. If~ElseIf~Else, Select Case 조건문 중 어떤 것을 사용하더라도 사용법을 정확히 파악하고 필요할 때 적절하게 활용하면 됩니다. 다음은 Select Case 조건문의 기본 구조입니다.

```
Select Case 판단할 조건의 대상
Case 조건 A
   처리 A
Case 조건 B
   처리 B
Case 조건 C
   처리 C
Case Else
   처리 X
End Select
```

위 구문은 판단할 조건의 대상(개체)이 '조건 A'인 경우 '처리 A'를 실행하고, '조건 B'인 경우 '처리 B'를 실행하고, '조건 C'인 경우 '처리 C'를 실행하고, 나머지의 경우(조건 A, 조건 B, 조건 C를 모두 만족하지 않는 경우) '조건 X'를 실행하라는 의미입니다. 이와 같은 식으로 Case 구문을 사용하여 더 많은 조건들을 계속 추가할 수 있습니다.

앞에서 설명한 If~ElseIf~Else 조건문의 경우에는 조건의 대상이 각각의 조건문 내에 들어갑니다. 반면 Select Case 조건문의 경우 Select Case 구문 뒤에 한 번만 들어갑니다. 예를 들어, 날씨를 판단할 때 If 조건문은 구문마다 '오늘의 날씨가 맑은지, 오늘의 날씨가 비가 오는지, 오늘의 날씨가 눈이 오는지'로 구

분할 때 Select Case 조건문은 첫 줄에 '오늘의 날씨'를 기준으로 '맑은지, 비가 오는지, 눈이 오는지' 구분합니다. 즉, 'Select Case 오늘의 날씨'와 같이 입력하고 개별 조건에는 '오늘의 날씨'를 쓰는 대신 'Case 맑음' 등으로 결괏값만 Case로 입력합니다.

Select Case 조건문을 도식화하면 다음과 같습니다.

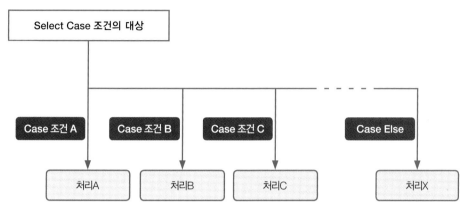

▲ Select Case 조건문의 구조

특정 나이대별로 놀이공원 입장료를 다르게 받는 경우를 예로 들어보겠습니다. 이 경우 InputBox 대화상자에 나이를 입력하면 그 나이에 해당하는 입장료를 대화상자로 표시하려고 합니다.

나이	입장료
7~12세	3,000원
13~18세	5,000원
19~64세	7,000원
그 외(6세 미만 또는 65세 이상)	무료

```
Sub 입장료계산()
    MyAge = InputBox("당신의 나이를 입력해주세요.")  ⟶ 대화상자에 "당신의 나이를 입력해주세요"
를 표시하고 입력된 내용을 MyAge 변수로 선언하라
    Select Case MyAge  ⟶ MyAge 변수(InputBox 대화상자)에
        Case 7 To 12  ⟶ 입력한 값이 7~12 사이라면
            MsgBox "입장료는 3천 원입니다."  ⟶ 대화상자로 '입장료는 3천 원입니다.'를 표시하고
        Case 13 To 18  ⟶ 입력한 값이 13~18 사이라면
            MsgBox "입장료는 5천 원입니다."  ⟶ 대화상자로 '입장료는 5천 원입니다.'를 표시하고
        Case 19 To 64  ⟶ 입력한 값이 19~64 사이라면
            MsgBox "입장료는 7천 원입니다."  ⟶ 대화상자로 '입장료는 7천 원입니다.'를 표시하고
        Case Else  ⟶ 그렇지 않으면
            MsgBox "입장료는 무료입니다."  ⟶ 대화상자로 '입장료는 무료입니다.'를 표시하라
    End Select
End Sub
```

TIP Case 문에서 조건 지정으로 5에서 10 사이의 수를 지정할 경우 'Case 5 to 10'과 같이 표현합니다.

TIP VBA에서 사용자가 입력한 값을 받아 처리할 때에는 변수로 처리합니다. 사용자가 어떤 값을 입력할지 모르기 때문에 그때그때 입력한 값을 MyAge라는 변숫값으로 받아 처리한 것입니다.

[입장료계산] 프로시저를 실행하면 다음과 같이 InputBox 대화상자가 나타납니다. 입력란에 **35**를 입력하면, 19에서 64 사이의 값이므로 '입장료는 7천원입니다.'라는 대화상자가 나타납니다.

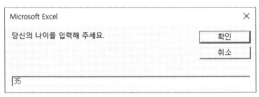

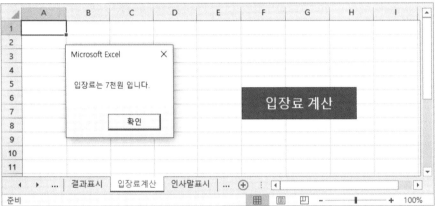

이처럼 Select Case 조건문은 다양한 조건에 따른 특정 값을 처리할 때 사용하면 편리합니다. 모든 조건문에서 If 조건문과 Select Case 조건문을 모두 사용할 수 있습니다. 다만 각각 편리한 부분이 있기 때문에 용도에 맞게 사용하면 보다 쉽게 VBA 코드를 작성할 수 있습니다.

친절한 POINT NOTE　　Select Case 구문 정리

- 아주 간단한 형태의 조건문(A이면 B를 실행하는 식)일 경우 If 조건문이 편리합니다.
- Select Case 조건문은 판단할 특정 대상의 값을 특정 범위별로 구분할 경우에 주로 사용합니다.

정해진 횟수만큼 작업을 반복하는 For~Next 순환문

예제 파일 CHAPTER 04\01_VBA 주요 구문.xlsm [인사말표시] 시트, [숫자표시] 시트
완성 파일 CHAPTER 04\01_VBA 주요 구문_완성.xlsm [인사말표시] 시트, [숫자표시] 시트

For~Next 순환문은 특정 변수명이 초깃값부터 종룟값까지 1씩 증가하면서 처리할 작업을 반복 실행합니다. For~Next 순환문의 기본 구조는 다음과 같습니다.

```
For 변수명 = 초깃값 To 종룟값
    처리
Next 변수명
```

For~Next 순환문은 작업을 반복해야 할 횟수를 알고 있을 때 사용하면 편리합니다. For 다음에 임의의 변수명을 입력하고, 반복할 횟수의 범위를 '초깃값 To 종룟값' 형태로 표시해야 하며, 마지막 행에 'Next 변수명'을 입력해서 순환문이 종료됨을 표시를 해 줍니다.

For~Next 순환문을 도식화하여 설명하면 다음과 같습니다. 여기서는 변숫값이 1부터 n까지 n회차를 반복한다는 가정 하에 구조를 설명했습니다.

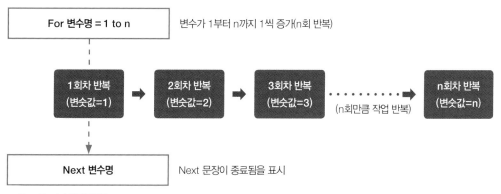

▲ For~Next 순환문의 구조

예를 들어, i라는 변숫값이 1부터 5까지 증가하면서 총 5번 반복(순환)하는 간단한 구문을 만들면 다음과 같습니다.

```
Sub 인사말표시()
    For i = 1 To 5      ────▶ i 값에 1에서 5까지 대입하라
        MsgBox "안녕하세요."      ────▶ 대화상자로 '안녕하세요.'를 표시하라
    Next i      ────▶ 다음 i 값을 대입하라
End Sub
```

[인사말표시] 프로시저를 실행하면 '안녕하세요.'라는 메시지가 나타납니다. [확인]을 클릭하면 다시 '안녕하세요.'라는 메시지가 나타나며 이런 식으로 총 다섯 번 반복됩니다. 이는 i라는 변숫값이 1부터 5까지 각각 바뀔 때마다 실행되기 때문입니다.

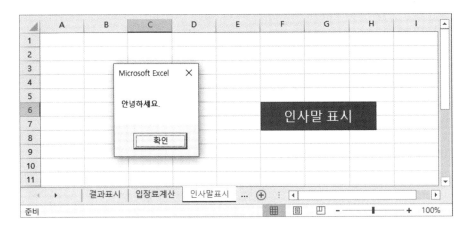

이 과정을 그림으로 살펴봅시다.

대화상자 표시 5회 반복하기

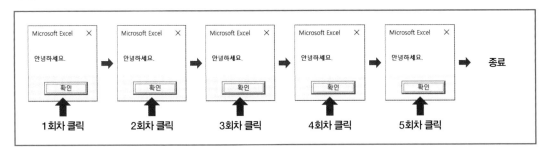

대화상자 표시 n회 반복하기

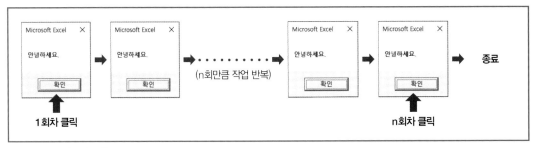

▲ For~Next 순환문의 구현

이번에는 앞의 코드를 약간 변형해보겠습니다.

```
Sub 숫자표시()
    For i = 1 To 5   ──→ i 값에 1에서 5까지 대입하라
        MsgBox i & "번째 실행입니다."   ──→ 대화상자로 'i번째 실행입니다.'를 표시하라
    Next i   ──→ 다음 i 값을 대입하라
End Sub
```

위 [숫자표시] 프로시저를 실행하면 '1번째 실행입니다.'라는 대화상자가 나타납니다. [확인]을 클릭하면
다시 '2번째 실행입니다.'라는 대화상자가 나타납니다.

이와 같은 식으로 다섯 번 반복하면 마지막 다섯 번째는 '5번째 실행입니다' 라는 메시지가 표시됩니다.
이처럼 i라는 변숫값이 1부터 5까지 실행될 경우 총 실행 횟수는 다섯 번이 됩니다.

친절한 POINT NOTE   For~Next 구문 정리

● For~Next 순환문은 미리 순환 횟수가 정해져 있을 때 사용하면 편리합니다.

● 이 경우 실행 횟수는 (종룻값−초깃값+1)회가 됩니다.

조건을 만족할 때까지 실행하는 Do~Loop 순환문

예제 파일 CHAPTER 04\01_VBA 주요 구문.xlsm [숫자합산] 시트
완성 파일 CHAPTER 04\01_VBA 주요 구문_완성.xlsm [숫자합산] 시트

For~Next 순환문은 미리 실행 횟수를 지정하고, 실행 횟수만큼 반복(순환)할 경우 사용합니다. 반면 **Do~Loop 순환문**은 특정 조건을 만족할 경우까지 계속 반복 실행합니다. Do~Loop 순환문은 보통 **Do While~Loop 구문**과 **Do Until~Loop 구문**으로 사용합니다. Do While~Loop 구문은 특정 조건을 만족하는 동안(조건이 TRUE인 동안)에는 계속 지정된 작업을 반복 실행합니다. 기본 구조는 다음과 같습니다.

```
Do While 조건
    처리
Loop
```

Do~Loop 순환문을 도식화하여 설명하면 다음과 같습니다.

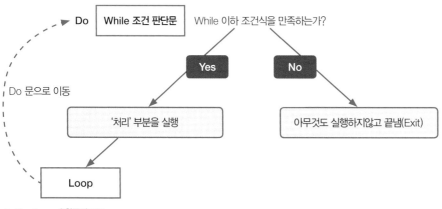

▲ Do~Loop 순환문의 구조

Do~Loop 순환문은 의미 그대로 조건을 만족할 때까지 계속 순환됩니다. While 이하 조건을 만족할 경우 '처리' 부분을 실행하며 반복하여 처리하고, While 이하 조건문이 만족하지 않을 경우 Do~Loop 문 자체가 바로 종료됩니다. 즉, 조건을 만족하기 직전까지만 반복 실행됩니다.

예를 들어 1부터 100까지 더한 결괏값을 대화상자 형태로 보여주는 코드는 다음과 같습니다.

```
Sub 숫자합산_1()

    MySum = 0        ──▶ MySum 변숫값을 0으로 지정하라
    i = 1            ──▶ i 변숫값을 1로 지정하라


    Do While i <= 100    ──▶ i 값이 100보다 작거나 같은 상태일 동안 (i=1,2,3,…,99,100일 때)
        MySum = MySum + i    ──▶ MySum 변숫값에 i를 더하고
        i = i + 1        ──▶ i 값에 1을 더하라
    Loop        ──▶ 위 작업을 계속 반복하라


    MsgBox MySum    ──▶ 반복이 끝나면 대화상자로 MySum 변숫값을 표시하라


End Sub
```

먼저 MySum이란 변숫값을 0으로 지정하고, i라는 변숫값은 1로 지정합니다. 그런 다음 i가 숫자 1부터 100이 될 때까지 'MySum=MySum+i'란 구문을 100번 동안 반복 계산합니다. 위 프로시저의 실행 결과는 다음과 같습니다.

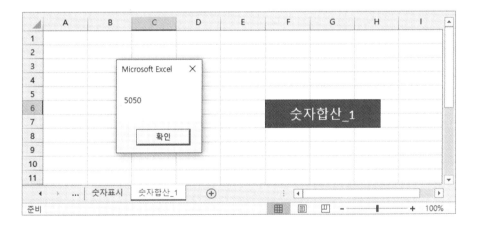

i 값이 100보다 작거나 같은 경우 / i의 시작값은 1, MySum의 시작값은 0

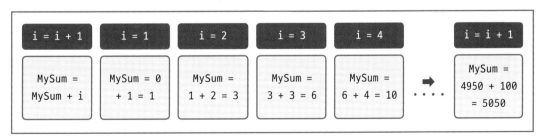

▲ 1씩 늘어나는 i 변숫값을 MySum 변숫값에 더하며 작업이 반복되는 순서

Do~While 조건문에서 While의 위치는 Do While 형태로 문장의 앞에 넣어도 되고, Loop While 형태로 문장의 뒤에 넣어도 됩니다. 즉 앞의 [숫자합산_1] 프로시저는 다음과 같이 작성하더라도 같은 결과를 얻을 수 있습니다.

```
Sub 숫자합산_2()
    MySum = 0        ──────▶ MySum 변숫값을 0으로 지정하라
    i = 1       ──────▶ i 변숫값을 1로 지정하라


    Do
        MySum = MySum + i     ──────▶ MySum 변숫값에 i 변숫값을 더하고
        i = i + 1     ──────▶ i 변숫값에 1을 더하라
    Loop While i <= 100     ──────▶ i 변숫값이 100보다 작거나 같은 상태일 때까지 반복하라


    MsgBox MySum     ──────▶ 반복이 끝나면 대화상자로 MySum 변숫값을 표시하라


End Sub
```

이처럼 Do While~Loop 구문 형태로 사용해도 되고, Do~Loop While 형태로 사용해도 됩니다. 어떤 경우든 While 뒤의 조건이 TRUE인 동안에는 Do~Loop 사이에 있는 처리 부분을 반복해서 실행하게 됩니다. 단, While 뒤의 조건 자체가 FALSE인 경우에는 두 문장에 차이가 발생합니다. 다음 예문을 보겠습니다.

```
Sub 숫자합산_3()

    MySum = 0
    i = 1

    Do While i < 0
        MySum = MySum + i
        i = i + 1
    Loop

    MsgBox MySum

End Sub
```

While 조건식에 i라는 변숫값이 0보다 작은 경우를 지정했습니다. 이 경우는 조건식 자체가 항상 FALSE 인 경우입니다. 따라서 Do~Loop 구간 사이의 처리는 한 번도 실행하지 않게 됩니다.

위 [숫자합산_3] 프로시저를 실행하면 결괏값은 대화상자에 '0'으로 표시됩니다. MySum 값을 최초에 0 으로 지정한 상태에서 Do~Loop 사이의 문장은 처리되지 않고 넘어가 MySum 값만 대화상자로 보여 주기 때문입니다.

이번에는 [숫자합산_3] 프로시저를 다음과 같이 변형하여 [숫자합산_4] 프로시저를 만들어보겠습니다.

```
Sub 숫자합산_4()

    MySum = 0
    i = 1

    Do
        MySum = MySum + i
        i = i + 1
    Loop While i < 0

    MsgBox MySum

End Sub
```

[숫자합산_4] 프로시저는 [숫자합산_3] 프로시저와 대부분 동일하지만 'While+조건'을 Loop 뒤에 두었 습니다. 따라서 프로시저를 실행하면 대화상자에 '1'이 표시될 것입니다.

While 뒤의 조건이 FALSE인 경우 Do While~Loop 구문에서 Do~Loop 사이의 처리 부분은 단 한 번 도 실행되지 않지만, While 뒤의 조건문이 FALSE인 경우라 하더라도 Do~Loop While 구문에서는 Do ~Loop 사이의 처리 부분이 한 번 실행됩니다. 즉 [숫자합산_4] 프로시저의 경우, **MySum=MySum+i**가 1회 실행된 후, i 값이 음수가 아니므로 그냥 다음 코드인 **MsgBox MySum**을 실행하는 것입니다.

이번에는 Until을 써서 만드는 **Do Until~Loop 순환문**을 알아봅시다. 이전에 살펴본 Do While~Loop 순환문은 조건식이 TRUE인 동안에 계속(즉, FALSE가 될 때까지) Do~Loop 구간을 반복 실행하는 구 문입니다. 반면 **Do Until~Loop 순환문은 조건식이 TRUE가 될 때까지(즉, FALSE인 동안) 계속 Do~Loop 구 간을 반복합니다.**

Do Until~Loop 구문의 기본 구조는 다음과 같습니다.

```
Do Until 조건
처리
Loop
```

앞에서 예로 든 숫자 1부터 100까지 합산하는 코드를 Do Until~Loop 구문을 활용하여 다음과 같이 작성할 수도 있습니다.

```
Sub 숫자합산_5()

    MySum = 0      ──────▶ MySum 변숫값을 0으로 지정하라
    i = 1          ──────▶ i 변숫값을 1로 지정하라

    Do Until i > 100     ──────▶ i 값이 100보다 큰 상태가 될 때까지 (i=101이 될 때까지)
        MySum = MySum + i     ──────▶ MySum 변수의 값에 i를 더하고
        i = i + 1     ──────▶ i 값에 1을 더하라
    Loop     ──────▶ 위 작업을 계속 반복하라

    MsgBox MySum     ──────▶ 반복이 끝나면 대화상자로 MySum 변숫값을 표시하라

End Sub
```

이 코드는 [숫자합산_1] 프로시저와 동일한데 조건 부분만 다음과 같이 다릅니다.

[숫자합산_1] 프로시저의 조건	[숫자합산_5] 프로시저의 조건
Do While i <= 100	Do Until i > 100
i 값이 100보다 작거나 같은 상태일 동안 반복한다.	i 값이 100보다 큰 상태가 될 때까지 반복한다.

Do While~Loop의 경우 i 값이 100 이하일 동안에 작업을 계속 실행하고, Do Until~Loop 구문은 i 값이 100을 초과할 때까지(즉, 100 이하일 동안) 작업을 반복한다고 하면 두 프로시저의 결과 값은 동일하게 나옵니다. 다시 말하면 While의 경우 조건이 TRUE인 동안(즉, FALSE가 될 때까지) 실행하고, Until의 경우 조건이 FALSE인 동안(즉, TRUE가 될 때까지) 실행하는 것입니다.

While의 경우에 Do While~Loop 또는 Do~Loop While 형태로 사용 가능하다고 설명했는데, Until의 경우에도 **Do Until~Loop 또는 Do~Loop Until** 형태로 사용 가능합니다. 즉 앞의 [숫자합산_5] 프로시저는 다음과 같이 [숫자합산_6] 프로시저처럼 작성하더라도 동일한 결과를 얻을 수 있습니다.

```
Sub 숫자합산_6()

    MySum = 0
    i = 1

    Do
        MySum = MySum + i
        i = i + 1
    Loop Until i > 100

    MsgBox MySum

End Sub
```

단, 앞의 While 문에서 설명한 것과 유사하게 Until 문의 경우에도 특정 조건에서는 Do Until~Loop 구
문과 Do~Loop Until 구문의 결괏값이 다르게 나오는 경우가 있습니다. 만약 Until 이하 조건이 TRUE
인 경우 Do Until~Loop 구문은 한 번도 실행되지 않는 반면, Do~Loop Until 구문은 1회 실행됩니다.

친절한 POINT NOTE Do~Loop 순환문

- Do~Loop 순환문은 Do While~Loop 형태와 Do Until~Loop 형태로 사용할 수 있습니다.

- While은 조건식이 TRUE인 동안 계속 실행하고, Until은 조건식이 TRUE가 될 때까지(FALSE인 동안) 계속 실행합
  니다.

- While 또는 Until은 Do 뒤에 붙여도 되고 Loop 뒤에 붙여도 됩니다. 다만 몇몇 특수한 경우에는 결괏값이 달라질
  수 있으므로 주의해서 사용합니다.

With~End With로 셀 스타일 적용하기

예제 파일 CHAPTER 04 \ 02_With~End With 구문.xlsm
완성 파일 CHAPTER 04 \ 02_With~End With 구문_완성.xlsm

다음 [WithSample1] 프로시저는 현재 선택된 셀의 글꼴 스타일을 굵게(볼드) 하고, 글꼴은 굴림체, 크기는 12pt, 색은 흰색, 셀 색(채우기 색)은 빨간색으로 지정합니다.

```
Sub WithSample1()

    ActiveCell.Font.Bold = True          → 현재 셀의 글꼴 스타일을 굵게 하고
    ActiveCell.Font.Name = "굴림체"       → 현재 셀의 글꼴을 굴림체로 지정하고
    ActiveCell.Font.Size = 12            → 현재 셀의 글꼴 크기를 12pt로 지정하고
    ActiveCell.Font.ColorIndex = 2       → 현재 셀의 글꼴 색을 흰색으로 지정하고
    ActiveCell.Interior.ColorIndex = 3   → 현재 셀의 채우기 색을 빨간색으로 지정하라

End Sub
```

TIP 현재 셀의 글꼴 색을 빨간색으로 하려면, **ActiveCell.Font.ColorIndex = 3**과 같이 현재 셀(ActiveCell)에서 Font 개체의 ColorIndex 속성값을 3으로 지정합니다. 현재 셀의 채우기 색을 빨간색으로 지정하려면, **ActiveCell.Interior.ColorIndex = 3**과 같이 현재 셀의 Interior 개체의 ColorIndex 속성값을 3으로 지정합니다.

위 코드를 실행한 결과는 다음과 같습니다.

[D3] 셀을 선택한 상태에서 [WithSample1] 프로시저를 실행하면 현재 셀(ActiveCell)의 글꼴 스타일, 글꼴, 글꼴 크기, 글꼴 색, 셀의 채우기 색이 바뀝니다. 작업의 대상이 되는 개체인 현재 셀 ActiveCell을 코드에 일일이 입력하자니 불편합니다. With~End With 구문을 사용하여 다음과 같이 간단하게 변형해봅시다.

```
Sub WithSample2()


With ActiveCell ───▶ 현재 셀의

.Font.Bold = True ───▶ 글꼴 스타일을 굵게 하고

.Font.Name = "굴림체" ───▶ 글꼴을 굴림체로 지정하고

.Font.Size = 12 ───▶ 글꼴 크기를 12pt로 지정하고

.Font.ColorIndex = 2 ───▶ 글꼴 색을 흰색으로 지정하고

.Interior.ColorIndex = 3 ───▶ 채우기 색을 빨간색으로 지정하라

End With


End Sub
```

이처럼 With~End With 구문은 코드 내에 중복되는 개체(예제에서는 ActiveCell)가 있을 때 중복되는 부분을 간단히 입력하기 위해 사용합니다. With~End With 구문을 사용한 [WithSample2] 프로시저는 앞의 [WithSample1] 프로시저에 비해 훨씬 간단하다는 것을 알 수 있습니다.

기능 실습   With~End With 구문의 개체 중첩하여 사용하기

예제 파일 CHAPTER 04 \ 02_With~End With 구문.xlsm
완성 파일 CHAPTER 04 \ 02_With~End With 구문_완성.xlsm

[WithSample2] 프로시저에서는 현재 셀(**ActiveCell**)을 한 번만 썼는데, **Font**는 다섯 번이나 일일이 입력했습니다. 이것도 귀찮다면 **Font**도 한 번만 쓰는 방법이 있습니다. With~End With 구문은 개체를 중첩해서 사용할 수 있습니다. [WithSample2] 프로시저의 코드를 더욱 간단히 변형하여 다음과 같이 작성해봅시다.

```
Sub WithSample3()


With ActiveCell ───▶ 현재 셀의

With .Font ───▶ 현재 글꼴 설정 중에서

.Bold = True ───▶ 스타일을 굵게 하고

.Name = "굴림체" ───▶ 굴림체로 지정하고

.Size = 12 ───▶ 크기를 12pt로 지정하고

.ColorIndex = 2 ───▶ 흰색으로 지정하라

End With
```

```
.Interior.ColorIndex = 3    ──────▶ 채우기 색은 빨간색으로 지정하라
End With


End Sub
```

위 코드에서 With~End With 구문을 중첩 사용했는데, With~End With 구문 사이의 코드에서 사용되는 .개체, .속성, .메서드 형태는 마침표(.) 앞에 With 뒤에 적힌 개체가 생략된 것입니다.

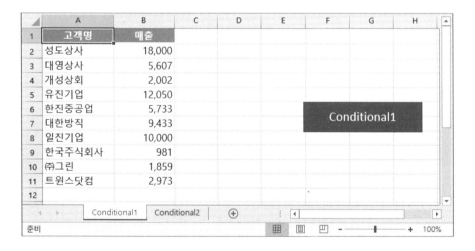

조건 두 개로 금액대별 다른 셀 색 입히기

예제 파일 CHAPTER 04 \ 03_IF 조건문.xlsm [Conditional1] 시트
완성 파일 CHAPTER 04 \ 03_IF 조건문_완성.xlsm [Conditional1] 시트

If 조건문은 특정 조건을 만족할 경우에 특정 코드를 실행하고, 아닐 경우에는 다른 코드를 실행하도록 지정합니다. 예를 들어, 고객별 매출 표에서 If 조건문을 사용하여 매출이 10,000원 이상일 경우에는 셀 채우기 색을 파란색으로, 아닐 경우(10,000원 미만일 경우)에는 노란색으로 칠할 수 있습니다.

	A	B	C	D	E	F	G	H
1	고객명	매출						
2	성도상사	18,000						
3	대영상사	5,607						
4	개성상회	2,002						
5	유진기업	12,050						
6	한진중공업	5,733						
7	대한방직	9,433				Conditional1		
8	일진기업	10,000						
9	한국주식회사	981						
10	㈜그린	1,859						
11	트윈스닷컴	2,973						
12								

다음 [Conditional1] 프로시저는 매출 10,000원 이상일 경우 셀 채우기 색을 파란색으로, 아닐 경우에는 노란색으로 칠하는 프로시저입니다.

```
Sub Conditional1()

    Dim i As Integer        ──→ i 변숫값의 데이터 종류를 정수로 지정하라
    Dim k As Range          ──→ k 변숫값의 데이터 종류를 범위로 지정하라


    For i = 1 To 10         ──→ i 값에 1,2,3,4,5,6,7,8,9,10을 순서대로 대입하라


    Set k = ActiveSheet.Range("B1").Offset(i, 0)   ──→ 현재 시트의 [B1] 셀에서 i행만큼 이동한
    셀을 k로 지정하라


    If k >= 10000 Then         ──→ k 셀의 값이 10000보다 크거나 같다면
    k.Interior.ColorIndex = 5    ──→ k 셀의 채우기 색을 5(파란색)로 지정하고
    Else        ──→ 그렇지 않은 경우 (=k 셀의 값이 10000보다 작다면)
    k.Interior.ColorIndex = 6    ──→ k 셀의 채우기 색을 6(노란색)으로 지정하라
    End If


    Next i    ──→ 다음 i 값을 대입하라


End Sub
```

TIP k는 Range라는 개체(Object)를 담는 변수입니다. 개체를 변수로 선언한 후, 해당 변숫값을 지정할 때에는 Set문을 사용해야 합니다. 예제에서 **Set k = ActiveSheet.Range("B1").Offset(i, 0)**라고 선언한 것처럼 반드시 k 앞에 Set을 붙여야 합니다.

위 코드는 [B1] 셀을 기준으로 아래 셀로 내려가면서 해당 셀 값이 10000보다 크거나 같으면 셀 채우기 색상값을 5(파란색), 아닐 경우(즉, 10000보다 작은 경우)에는 색상값을 6(노란색)으로 지정하라는 의미입니다.

[Conditional1] 프로시저를 실행하면 다음과 같은 결과가 나타납니다.

물론 이 작업은 엑셀의 조건부 서식 기능을 활용해도 가능하지만, VBA를 사용해 조건문과 순환문을 응용할 경우에는 엑셀 조건부 서식 기능 만으로 처리할 수 없는 복잡한 작업들도 구현할 수 있습니다.

친절한 POINT NOTE · 엑셀의 조건부 서식 활용

[Conditional1] 프로시저는 VBA를 사용하지 않더라도 엑셀의 조건부 서식 기능을 이용하면 가능합니다. 매출이 입력된 [B2:B11] 셀 범위를 선택한 후, [홈] 탭-[스타일] 그룹-[조건부 서식]-[새 규칙]을 클릭하고 조건을 다음과 같이 지정해주면 됩니다.

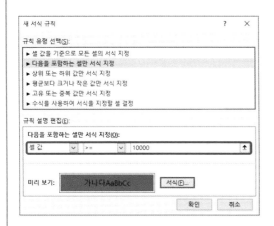

셀 값이 10000보다 크거나 같을 경우 빨간색이 되도록 지정해 준 것입니다. 서식 지정은 [서식]을 클릭하고 [무늬] 탭에서 빨간색을 선택해주면 됩니다. [확인]을 클릭한 후, [홈] 탭-[스타일] 그룹-[조건부서식]-[새 규칙]을 클릭하고 이번에는 조건을 다음과 같이 지정해주면 됩니다.

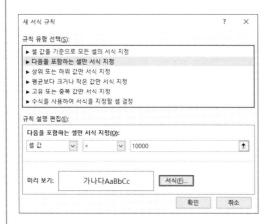

셀 값이 10000보다 작을 경우 노란색이 되도록 지정해준 것입니다. 이런 식으로 조건들을 계속 추가할 수 있습니다. 이처럼 조건부 서식은 특정 조건을 만족하는 셀만 색상 또는 글꼴을 달리해서 강조할 때 사용하면 편리한 기능입니다.

VBA로 데이터를 처리함에 있어 적절한 변수의 사용은 중요합니다. 음식도 적당히 알맞은 그릇에 담아야 하듯 VBA에서 데이터도 각 형식에 맞게 적절한 형태의 변수로 선언해주는 것이 좋습니다.

변수를 한 번 선언하면 코드를 효율적으로 작성할 수 있고, 미리 그 데이터 형태를 선언해 처리 속도를 빠르게 하는 효과도 있습니다. VBA에서 사용하는 데이터 형식은 다음과 같습니다.

데이터 형식	저장 용량	범위
Byte	1바이트	0부터 255까지
Boolean	2바이트	True 또는 False
Integer	2바이트	−32,768부터 32,767까지
Date	8바이트	100년 1월 1일부터 9999년 12월 31일까지
String(가변길이)	10바이트 + 문자열길이	0부터 약 20억까지
String(고정길이)	문자열길이	1부터 65,400까지
Variant(숫자)	16바이트 Double형	범위내 모든 숫자
Variant(문자)	22바이트 + 문자열 길이	String과 같은 범위

일반적으로는 데이터가 다룰 수 있는 가장 작은 범위의 변수를 선택하는 것이 가장 효율적입니다. 문자열의 경우 **String** 형식을 사용하고, 작은 정수의 경우 **Integer** 형식을 사용합니다. 별도로 변수 형식을 지정하지 않을 경우에는 기본적으로 VBA에서는 **Variant** 형식으로 자동 할당합니다.

VBA에서는 **Dim 문**을 사용하여 변수 및 변수의 형식을 지정하고, 해당 변수에 값을 담을 때 등호(=)를 이용합니다. 다음은 a라는 정수형 변수를 선언하고, a에 숫자 365를 입력하는 VBA 코드입니다.

```
Dim a As Integer
a = 365
```

이렇게 변수를 지정해 놓으면 다음번에 365란 값을 입력하는 대신 간단히 a 라고 작성해도 됩니다. 다만 Range 개체와 같은 특정 개체를 변수로 선언할 경우에는 반드시 **Set 문**을 사용합니다.

```
Dim k As Range
Set k = Range("a1")
```

이 경우 Set 문을 사용하지 않고 k = Range("a1")이라고 적으면 오류가 발생합니다. Range 외에도 Workbook, Worksheet 등 개체 변수(Object Variables)를 선언할 경우 반드시 Set 문을 이용합니다.

조건 세 개로 금액대별 다른 셀 색 입히기

예제 파일 CHAPTER 04 \ 03_IF 조건문.xlsm [Conditional2] 시트
완성 파일 CHAPTER 04 \ 03_IF 조건문_완성.xlsm [Conditional2] 시트

이번에는 세 가지 조건에 대해 각각 다른 결과를 도출하는 VBA 코드를 작성해보겠습니다. 다음의 [Conditional2] 프로시저는 셀 값이 3,000원 미만일 경우 셀 채우기 색을 빨간색, 3,000~10,000원일 경우 파란색, 10,000원 이상일 경우 노란색으로 설정하는 프로시저입니다.

```
Sub Conditional2()

    Dim i As Integer    ──▶ i 변숫값의 데이터 종류를 정수로 지정하라
    Dim k As Range      ──▶ k 변숫값의 데이터 종류를 범위로 지정하라

    For i = 1 To 10     ──▶ i 값에 1,2,3,4,5,6,7,8,9,10을 순서대로 대입하라

    Set k = ActiveSheet.Range("B1").Offset(i, 0)    ──▶ 현재 시트의 [B1] 셀에서 i행만큼 이동한
    셀을 k로 지정하라

    If k < 3000 Then    ──▶ k 셀의 값이 3000보다 크다면
    k.Interior.ColorIndex = 3    ──▶ k 셀의 채우기 색을 3(빨간색)으로 지정하고
    ElseIf k < 10000 Then    ──▶ k 셀의 값이 10000보다 작다면
    k.Interior.ColorIndex = 5    ──▶ k 셀의 채우기 색을 5(파란색)으로 지정하고
    Else    ──▶ 그렇지 않다면
    k.Interior.ColorIndex = 6    ──▶ k 셀의 채우기 색을 6(노란색)으로 지정하라
    End If

    Next i    ──▶ 다음 i 값을 대입하라

End Sub
```

[Conditional2] 프로시저는 [B1] 셀을 기준으로 아래로 내려가면서 해당 셀 값이 3000보다 작은 경우에는 셀 채우기 색상값을 3(빨간색), 10000보다 작은 경우 색상값을 5(파란색), 그 외의 경우(10000보다 크거나 같은 경우)에는 색상값을 6(노란색)으로 지정하는 프로시저입니다.

If 구문의 구조는 'If (처리A) ElseIf (처리B) Else (처리C) End If'와 같은 형태입니다. 'If 조건식'을 만족할 경우에는 '처리A'를 실행하고, 'ElseIf 조건식'을 만족할 경우에는 '처리B'를 실행하고, 아닐 경우 '처리

C'를 실행하는 형태입니다. 다른 조건들을 더 추가할 경우에는 'ElseIf 조건식' 부분을 계속 추가하면 됩니다.

[Conditional2] 프로시저를 실행하면 다음과 같은 결과가 나타납니다.

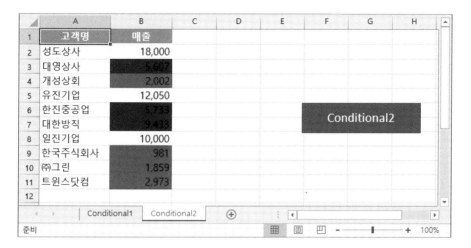

Select Case 조건문으로 값 분류하기

본격 실습

Select Case 조건문도 VBA에서 자주 사용하는 조건문 중 하나입니다. 구문 형태만 다를 뿐 특정 조건에 따라 해당 구문을 실행하도록 하는 점에서는 If 조건문과 사용 목적이 동일합니다. 다만 Select Case 조건문은 세 가지 이상의 다중 조건에 활용할 때 유리합니다.

STEP 01 매출액별 범위 분류하기

예제 파일 CHAPTER 04 \ 04_Select Case 조건문.xlsm
완성 파일 CHAPTER 04 \ 04_Select Case 조건문_완성.xlsm

고객별 매출 테이블 예제에서 매출액 옆 셀에 각 매출액에 맞는 금액 범위를 붙여보겠습니다.

	A	B	C	D	E	F	G
1	고객명	매출	금액대				
2	성도상사	18,000					
3	대영상사	5,607					
4	개성상회	2,002					
5	유진기업	12,050			RevenueLayer		
6	한진중공업	5,733					
7	대한방직	9,433					
8	일진기업	10,000					
9	한국주식회사	981					
10	㈜그린	1,859					
11	트윈스닷컴	2,973					
12							

다음 [RavenueLayer] 프로시저는 매출액의 범위별 금액 수준을 매출액의 옆 셀에 한글로 표시해주는 프로시저입니다.

```
Sub RevenueLayer()
    Dim i As Integer
    Dim k As Range
  For i = 1 To 10
```

```
    Set k = ActiveSheet.Range("B1").Offset(i, 0)

    Select Case k

    Case Is < 1000

        k.Offset(0, 1).Value = " 1천원 미만"

    Case Is < 3000

        k.Offset(0, 1).Value = "1천-3천원"

    Case Is < 5000

        k.Offset(0, 1).Value = "3천-5천원"

    Case Is < 7000

        k.Offset(0, 1).Value = "5천-7천원"

    Case Is < 10000

        k.Offset(0, 1).Value = "7천-1만원"

    Case Is < 15000

        k.Offset(0, 1).Value = "1-1.5만원"

    Case Else

        k.Offset(0, 1).Value = "1.5만원 이상"

    End Select

    Next i

End Sub
```

TIP Select Case 문에서 'Case 조건식' 지정 시 조건이 특정 값이면 Case만 사용하고 범위일 경우에는 Case Is를 사용합니다.

Range("B1").Offset(i, 0)은 [B1] 셀에서 아래로 i번째 떨어져 있는 셀을 의미합니다. i 값이 1부터 10까지 순환되므로 [B2] 셀부터 [B11] 셀까지 순환합니다. 해당 값이 1000보다 작을 경우, 3000보다 작을 경우 등 각 조건에 대해 매출액의 오른쪽 셀에 해당하는 **Range("B1").Offset(i, 1)** 셀에 '1천원 미만', '1천원~3천원' 등으로 표시하는 것입니다. 코드 실행 결과는 다음과 같습니다.

	A	B	C
1	고객명	매출	금액대
2	성도상사	18,000	1.5만원 이상
3	대영상사	5,607	5천-7천원
4	개성상회	2,002	1천-3천원
5	유진기업	12,050	1-1.5만원
6	한진중공업	5,733	5천-7천원
7	대한방직	9,433	7천-1만원
8	일진기업	10,000	1-1.5만원
9	한국주식회사	981	1천원 미만
10	㈜그린	1,859	1천-3천원
11	트윈스닷컴	2,973	1천-3천원

순환문으로 특정 값에 셀 채우기 색 칠하기

STEP 01 For~Next 순환문으로 특정 행에 색 입히기

예제 파일 CHAPTER 04 \ 05_For Next 순환문.xlsm
완성 파일 CHAPTER 04 \ 05_For Next 순환문_완성.xlsm

VBA 순환문을 활용할 경우, 다음과 같은 업체별 매출 테이블에서 특정 업체에 대해서만 회색으로 칠하는 프로시저를 만들 수 있습니다.

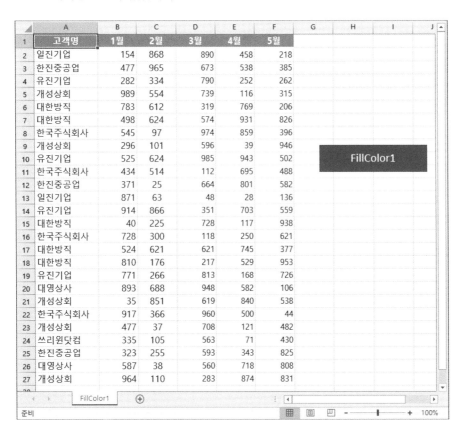

고객명	1월	2월	3월	4월	5월
일진기업	154	868	890	458	218
한진중공업	477	965	673	538	385
유진기업	282	334	790	252	262
개성상회	989	554	739	116	315
대한방직	783	612	319	769	206
대한방직	498	624	574	931	826
한국주식회사	545	97	974	859	396
개성상회	296	101	596	39	946
유진기업	525	624	985	943	502
한국주식회사	434	514	112	695	488
한진중공업	371	25	664	801	582
일진기업	871	63	48	28	136
유진기업	914	866	351	703	559
대한방직	40	225	728	117	938
한국주식회사	728	300	118	250	621
대한방직	524	621	621	745	377
대한방직	810	176	217	529	953
유진기업	771	266	813	168	726
대영상사	893	688	948	582	106
개성상회	35	851	619	840	538
한국주식회사	917	366	960	500	44
개성상회	477	37	708	121	482
쓰리원닷컴	335	105	563	71	430
한진중공업	323	255	593	343	825
대영상사	587	38	560	718	808
개성상회	964	110	283	874	831

FillColor1

다음의 [FillColor1] 프로시저는 InputBox 형태로 특정 업체명을 입력 받아 해당 업체명이 있는 행 전체를 회색으로 칠하는 프로시저입니다.

```
Sub FillColor1()

  Dim CompanyName As String
  Dim rng As Range

  CompanyName = InputBox("칠하고 싶은 기업이름을 입력하세요", "krazy", "개성상회")

  For Each rng In Range("A2:A27")

    If rng = CompanyName Then
       rng.Resize(1, 6).Interior.ColorIndex = 15
    End If

  Next rng

End Sub
```

TIP Resize는 지정한 범위의 크기를 조정하는 속성으로, 크기가 조정된 범위를 나타내는 Range 개체를 반환합니다. **Range("c2").** **Resize(1, 6)**는 현재 셀 기준으로 현재 셀부터 우측 6열까지에 해당하는 [C2:H2] 셀 범위를 의미합니다.

위 코드는 'For Each 개체명 In 특정영역~Next 개체명' 형태로 사용하는 순환문입니다. 여기서 개체는 Range, Worksheet, Workbook 등이 될 수 있습니다. 이 예제에서는 Range 개체에 적용했는데, 특정 셀 범위의 각 셀에 하나씩 접근해서 순환하는 형태입니다.

입력한 기업명을 CompanyName 변수에 담고 [A2:A27] 셀 범위를 검사한 셀 값이 CompanyName 값과 일치할 경우 해당 셀부터 오른쪽 6개 셀 범위까지 (**Resize(1,6)**) 셀 채우기 색을 15(회색)로 지정하는 것입니다. [FillColor1] 프로시저 실행 결과는 다음과 같습니다.

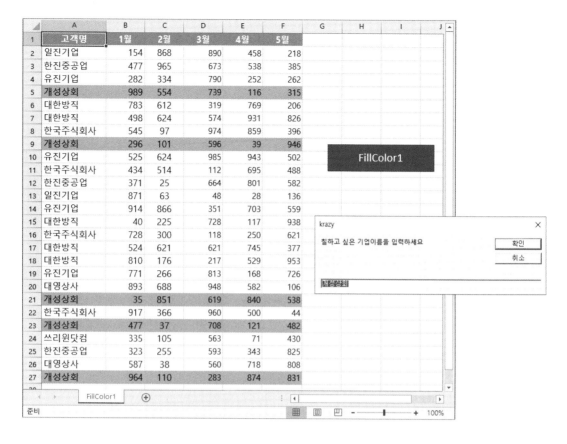

'개성상회'를 기본값으로 입력했기 때문에 '개성상회'가 기본값으로 나타납니다. 다른 업체의 이름을 입력해도 됩니다만, 여기서는 '개성상회'라는 이름을 그대로 두고 [확인] 버튼을 클릭한 결과입니다.

STEP 02 **Do~Loop 순환문으로 특정 행에 색상 입히기**

예제 파일 CHAPTER 04 \ 06_Do Loop 순환문.xlsm
완성 파일 CHAPTER 04 \ 06_Do Loop 순환문_완성.xlsm

앞의 작업은 Do~Loop 순환문을 이용해도 동일한 작업을 할 수 있습니다. 앞에서 For~Next 구문으로 만든 [FillColor1] 프로시저는 다음과 같이 Do~Loop 구문을 사용하여 만들었습니다.

```
Sub FillColor2()
  Dim CompanyName As String

CompanyName = InputBox("칠하고 싶은 기업이름을 입력하세요", "krazy", "개성상회")
```

```
    Range("A1").Select

  Do While ActiveCell.Value <> ""

      If ActiveCell.Value = CompanyName Then
        ActiveCell.Resize(1, 6).Interior.ColorIndex = 15
        ActiveCell.Offset(1, 0).Activate
      Else
        ActiveCell.Offset(1, 0).Activate
      End If

    Loop

  End Sub
```

상기 [FillColor2] 프로시저는 [FillColor1] 프로시저와 실행 결과가 동일합니다. [A1] 셀을 선택한 상태
에서 현재 활성화된 셀 기준으로 Offset 속성을 이용하여 이동합니다. 조건이 만족하면 회색으로 칠한 후
아래 셀로 이동하고, 만족하지 않으면 바로 아래 셀로 이동하는 작업을 현재 셀의 값이 공백("")일 때까지
(While) 반복하라는 의미입니다.

코드에서 Do 뒤에 있는 **While ActiveCell.Value 〈 〉 " "** 구문은 Loop 뒤에 적어도 됩니다. 그리고 위 구문
은 다음과 같이 While 대신 Until 구문으로 변경할 수 있습니다.

```
  Sub FillColor3()

    Dim CompanyName As String

    CompanyName = InputBox("칠하고 싶은 기업이름을 입력하세요", "krazy", "개성상회")

    Range("A1").Select

  Do Until ActiveCell.Value = ""

      If ActiveCell.Value = CompanyName Then
        ActiveCell.Resize(1, 6).Interior.ColorIndex = 15
        ActiveCell.Offset(1, 0).Activate
      Else
```

```
          ActiveCell.Offset(1, 0).Activate
      End If


    Loop


  End Sub
```

[FillColor2] 프로시저와 [FillColor3] 프로시저는 동일한 코드인데, 다음 한 줄의 코드만 다릅니다.

'FillColor2' 프로시저	'FillColor3' 프로시저
Do While ActiveCell.Value <> ""	Do Until ActiveCell.Value = ""

'현재 셀의 값이 공백이 아닌 동안에'와 '현재 셀의 값이 공백일 때까지'는 같은 뜻이므로 두 문장은 같은 의미입니다.

이처럼 Do~Loop 구문은 몇 번 반복을 할지 모르는 상태에서 특정 조건을 만족하는 동안 또는 만족할 때까지 작업을 반복할 경우 사용하면 편리합니다. For~Next 구문으로 구현했을 때에 비해 VBA 코드는 약간 복잡하지만, Do~Loop 구문을 사용하면 기업 리스트가 계속 늘어나도 코드 수정없이 늘어난 행을 자동으로 인식해서 공백 행이 나올 때까지 반복하는 장점이 있습니다.

01 [색칠하기]를 클릭했을 때 [C3:C10] 셀 범위의 값이 5000 이상이면 셀 채우기 색이 파란색, 아닐 경우 노란색으로 되는 VBA 코드를 작성합니다.

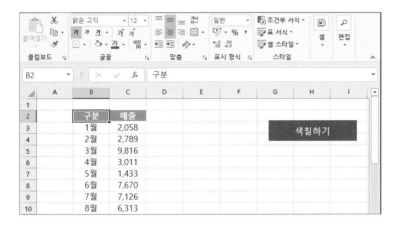

02 [숫자합산]를 클릭하면 1부터 1000까지의 합을 대화상자로 보여주는 VBA 코드를 작성합니다.

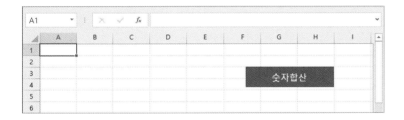

03 [품목입력]를 클릭하면 '칠하고 싶은 품목을 입력하세요.' 라는 대화상자가 나타나고 입력값과 품목명이 같은 행 B열부터 E열까지의 셀 채우기 색을 회색으로 표시하는 VBA 코드를 작성합니다.

	A	B	C	D	E	F	G	H	I
1									
2		구분	1월	2월	3월				
3		TV	19,900	31,800	20,800		품목입력		
4		세탁기	57,500	23,900	51,900				
5		냉장고	44,400	75,900	82,900				
6		오디오	55,800	58,200	76,200				
7		컴퓨터	57,600	76,800	57,300				
8		커피포트	5,300	9,900	6,900				
9		식기세척기	9,300	22,500	46,300				
10									

CHAPTER

05

사용자 정의 함수

VBA로 나만의 함수 만들기

버전에 따라 차이는 있지만 엑셀 워크시트 함수는 약 400여 개가 있습니다. 우리는 이 중 약 20~30개 정도의 함수를 중점적으로 사용합니다. 필자가 엑셀 강의에서 주로 사용하는 함수를 수강생에게 물어보면 평균적으로 15개 정도를 사용했습니다.

이렇듯 약 15개의 함수로 엑셀에서 대부분의 업무를 진행합니다. 하지만 실제 업무에서는 함수를 개별적으로 사용하는 것이 아니라 수식과 조합하고, 경우에 따라 4~5개의 함수를 중첩해 사용합니다. 이렇게 중첩된 함수 수식은 매우 복잡해 반복적으로 사용하기 힘들고, 수정할 일이 생기면 일일이 찾아 변경해야 합니다. 이때 VBA를 활용하여 간단한 함수 수식을 자신만의 함수로 구현해 사용하면 업무를 훨씬 효율적으로 처리할 수 있습니다. VBA를 활용하여 이렇게 직접 만들어 사용하는 함수를 **사용자 정의 함수 (UDF, User-Defined Function)**라고 합니다.

사용자 정의 함수를 사용하면 한글로 된 함수나, 업무에서 자주 사용하는 귀찮은 함수 수식을 하나의 함수로 만들어 사용할 수 있습니다. VBA를 활용하여 사용자 정의 함수를 구현할 경우 일반적인 Sub~End Sub 프로시저가 아닌 **Function~End Function** 프로시저를 사용합니다.

한 번 구현한 사용자 정의 함수는 엑셀 워크시트에서 일반 함수처럼 사용할 수 있고, 아니면 다른 Sub 프로시저에서 Function 프로시저를 호출하여 마치 VBA 함수처럼 사용할 수도 있습니다. 그리고 해당 사용자 정의 함수를 파일로 저장하여 다른 사람들이 내가 직접 만든 사용자 정의 함수를 이용할 수 있도록 배포할 수도 있습니다.

이번 CHAPTER에서는 VBA를 활용하여 각종 사용자 정의 함수를 만드는 방법을 익혀보겠습니다.

나만의 함수인
사용자 정의 함수를 활용하자

사용자 정의 함수의 개념

엑셀에서 기본적으로 제공되는 함수 수식을 복잡하게 조합하는 대신 VBA를 이용하여 나만의 함수를 직접 만들어 사용하는 방법을 알아보겠습니다.

일반적으로 VBA에서 프로시저는 Sub~End Sub 구문을 사용하지만, 사용자 정의 함수는 다음과 같이 **Function~End Function** 프로시저 구문을 사용합니다.

```
Function 함수명 (인수)

    함수명 = 인수 + 여러 수식

End Function
```

Sub 프로시저는 특정 작업을 하는 명령문의 역할을 하고, Function 프로시저는 사용자 정의 함수를 정의하기 위해 사용합니다. 두 구문의 구조를 비교하면 다음과 같습니다.

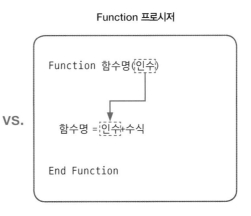

▲ Sub 프로시저와 Function 프로시저 비교

Sub 프로시저는 Worksheet, Range, Cell 등 개체의 속성을 지정하거나, 메서드를 활용하여 자동화 작업을 위한 명령을 내리는 구문입니다. 즉, Sub 프로시저를 실행하면 엑셀 스스로 작업을 실행합니다.

반면 Function 프로시저는 사용자 정의 함수를 구현하는 구문입니다. Function 문 다음에 바로 사용자 정의 함수명을 입력하고, 함수명 뒤에 인수를 선언합니다. **Function~End Function** 구문 사이에는 반드시 해당 함수명을 정의하는 구문과 함수의 인수를 포함한 수식이 정의되어야 합니다.

VBA를 이용하여 아주 간단한 형태의 사용자 정의 함수를 만들면 다음과 같습니다.

```
Function MyTax(a)      ──────▶ 함수명을 MyTax로 정의하고 a 인숫값을 지정하라
    MyTax = a * 0.22   ──────▶ MyTax 함수는 a 인숫값에 0.22를 곱한다
End Function
```

위 Function 프로시저는 특정 상품의 가격을 a라는 인수로 가정할 때, 세율 22%를 적용해 세금을 계산해주는 MyTax 사용자 정의 함수입니다. 여기서는 **MyTax = a * 0.22**라는 구문이 핵심으로 MyTax 함수는 a 인수에 0.22를 곱한 것입니다. 일반 수식으로 =a*0.22라고 입력한 것과 동일하게 **=MyTax(셀 주소)**로 입력하면 a 인수에 0.22가 곱해진 값이 나타납니다.

TIP 사용자 정의 함수명은 대소문자 구분 없이 셀에 입력하면 자동으로 변환됩니다.

친절한 POINT NOTE / **Function~End Function 프로시저 이해하기**

- 사용자 정의 함수는 **Function 함수명~End Function** 구문의 형태입니다.
- Sub 프로시저는 특정 작업을 자동화할 때 사용하고, Function 프로시저는 사용자 정의 함수를 만들 때 사용합니다.

사용자 정의 함수의 사용

VBA로 구현한 사용자 정의 함수는 일반 함수처럼 셀에 입력해 사용하거나 VBA 코드에서 호출하여 계산할 때 사용합니다. 단, 사용자 정의 함수는 VBA 코드의 Function 프로시저로 구현했기 때문에 확장자가 xlsm인 'Excel 매크로 사용 통합 문서'로 저장한 파일에서만 사용할 수 있습니다.

워크시트에서 함수로 사용하기

예제 파일 CHAPTER 05\01_사용자 정의 함수.xlsm [MyTax] 시트
완성 파일 CHAPTER 05\01_사용자 정의 함수_완성.xlsm [MyTax] 시트

다음과 같은 상품별 매출액이 있다고 가정할 경우, 앞에서 만든 MyTax 함수를 이용하여 각 상품별 부가세 금액을 계산할 수 있습니다.

	품목	상품가격	부가세
	TV	297,000	
	세탁기	208,000	
	냉장고	219,000	
	오디오	311,000	
	청소기	327,000	

부가세를 계산할 [D3] 셀에 수식 **=MyTax(C3)**를 입력합니다. [C3] 셀의 TV 상품가격에 0.22를 곱한 결괏값이 [D3] 셀에 표시됩니다. [D3] 셀 수식을 복사하여 [D4:D7] 셀 범위에 붙여 넣으면 전체 상품별 부가세 금액을 구할 수 있습니다.

D3 f_x =MyTax(C3)

	품목	상품가격	부가세
	TV	297,000	65,340
	세탁기	208,000	45,760
	냉장고	219,000	48,180
	오디오	311,000	68,420
	청소기	327,000	71,940

물론 [D3] 셀에 **=C3*0.22**라고 수식을 직접 입력하면 동일한 결괏값을 얻을 수 있습니다. 하지만 매우 복잡한 함수 수식을 반복 사용하거나 세율이 22%에서 25%로 인상될 경우 매우 유용합니다. 예를 들어, 일반 수식으로 작업했을 경우에는 워크시트에 입력한 0.22를 모두 0.25로 바꿔줘야 하는데 사용자 정의 함수를 사용하면 VBA 코드를 한번만 수정해주면 됩니다.

워크시트에서 함수로 사용하기

예제 파일 CHAPTER 05\01_사용자 정의 함수.xlsm [부가세 계산] 시트
완성 파일 CHAPTER 05\01_사용자 정의 함수_완성.xlsm [부가세 계산] 시트

사용자 정의 함수는 일반적으로 워크시트에서 사용하지만 다른 Sub 프로시저에서 호출하여 사용하기도 합니다. 이를 도식화하면 다음과 같습니다.

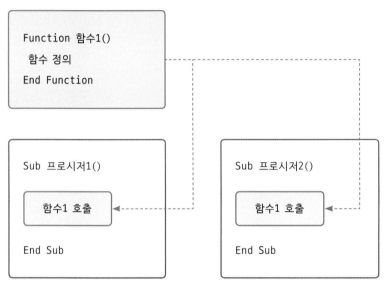

▲ 사용자 정의 함수의 Sub 프로시저 내 사용

위 그림처럼 [함수1]을 Function 프로시저로 정의한 후 [프로시저1], [프로시저2]의 Sub 프로시저에서 [함수1] Function 프로시저를 언제든 함수로 호출하여 사용할 수 있습니다. 다음 Sub 프로시저는 앞에서 만든 MyTax 사용자 정의 함수를 호출하여 사용하는 예제입니다.

[부가세계산] Sub 프로시저는 InputBox에 상품 가격을 입력하면 해당 상품의 부가세를 메시지로 보여줍니다. 이 경우 부가세 계산 Sub 프로시저 내에서 [MyTax] Function 프로시저의 사용자 정의 함수를 활용했습니다.

```
Function MyTax(a)
    MyTax = a * 0.22
End Function


Sub 부가세계산()
  k = InputBox("상품 가격을 숫자로 입력하세요")
  MsgBox "부가세 금액은 " & MyTax(k) & "원 입니다."
End Sub
```

[부가세계산] Sub 프로시저는 InputBox를 이용해 '상품 가격을 숫자로 입력하세요'라고 메시지가 나타나면 사용자가 입력한 값을 받아 k 변수에 저장합니다. 다음 계산된 부가세 금액을 '부가세 금액은 ○○○원 입니다.'라는 메시지로 보여주는데, 이 과정에서 **MyTax**라는 사용자 정의 함수가 활용된 것입니다. 물론 MyTax 사용자 정의 함수는 별도로 선언되어야 합니다.

[부가세계산] Sub 프로시저를 실행시키면 '상품 가격을 숫자로 입력하세요'라는 InputBox가 나타납니다. 상품 가격을 입력한 후, [확인]을 클릭하면 상품에 대한 부가세(상품가격의 22%)를 MsgBox로 보여줍니다.

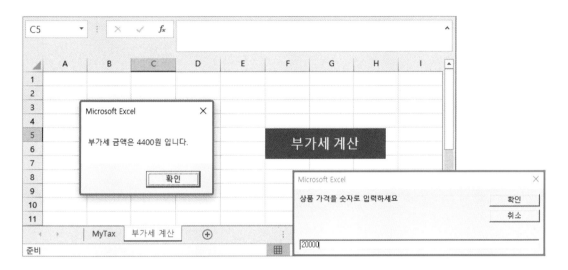

앞의 예제에서 InputBox에 상품 가격을 **20000**으로 입력하면 부가세 금액은 20000×0.22에 해당하는 **4400**원이 MsgBox로 표시됩니다.

친절한 POINT NOTE · 사용자 정의 함수 사용하기

- VBA를 활용하여 사용자 정의 함수를 작성하면 워크시트에서 일반 함수처럼 사용할 수 있습니다.
- 사용자 정의 함수는 워크시트 외에도 다른 Sub 프로시저에서 호출하여 사용할 수도 있습니다.

다른 엑셀 파일에서도 사용자 정의 함수 사용하기

예제 파일 CHAPTER 05\02_MyTax코드.txt
완성 파일 CHAPTER 05\MyFunction.xlam

앞에서 설명한 것처럼 사용자 정의 함수는 VBA를 작성한 파일에서만 사용 가능합니다. 이때 엑셀의 추가 기능을 사용하면 다른 엑셀 파일에서도 사용자 정의 함수를 사용할 수 있도록 설정할 수 있습니다. 이번에는 MyTax 사용자 정의 함수를 다른 엑셀 파일에서 사용할 수 있도록 설정하는 방법을 알아보겠습니다.

01 엑셀에서 새 파일을 엽니다. ① Alt + F11 을 눌러 VB 편집기를 실행합니다. ② [프로젝트] 탐색기에 [Module1]을 추가하고, ③ 오른쪽 [코드] 창에 [MyTax]라는 Function 프로시저를 예제 파일을 활용해 작성합니다. ④ VB 편집기를 닫습니다.

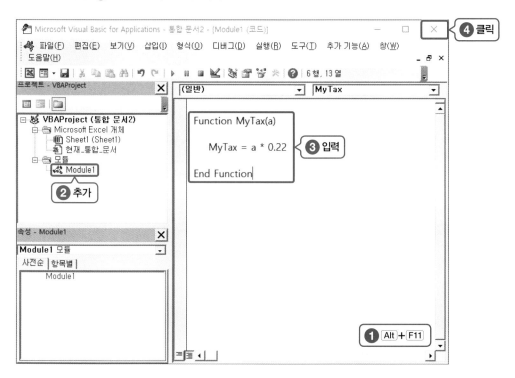

04 ① F12 를 누릅니다. [다른 이름으로 저장] 대화상자가 나타나면 ② [파일이름]은 **MyFunction**으로 입력하고 ③ [파일 형식]은 [Excel 추가 기능]을 선택합니다. ④ [저장]을 클릭합니다. 열려 있는 모든 엑셀 파일을 닫아 엑셀을 완전히 종료합니다.

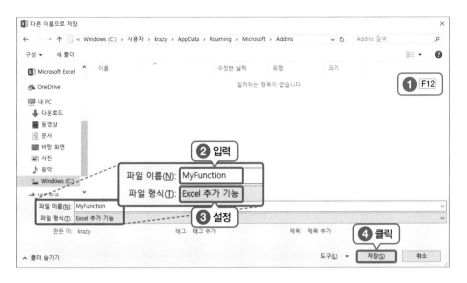

TIP 파일 형식을 [Excel 추가 기능]으로 지정하면 [Addins] 폴더에 자동 저장됩니다. 저장할 폴더 위치 및 파일 이름은 임의로 바꿔도 됩니다.

03 다시 엑셀을 실행한 후 새 통합문서를 엽니다. ① Alt + F , T 를 차례대로 누르면 [Excel 옵션] 대화상자가 나타납니다. ② [추가 기능]을 클릭하고 ③ [이동]을 클릭합니다.

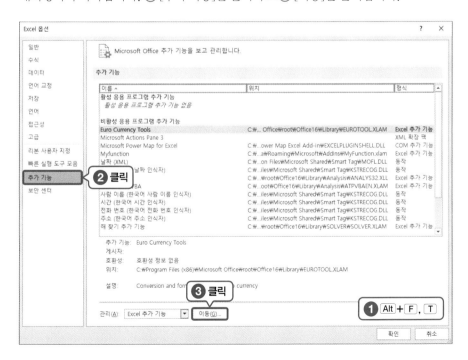

TIP [이동] 왼쪽의 [관리]가 [Excel 추가 기능]으로 선택되어 있지 않을 경우 [Excel 추가 기능]을 선택한 후 [이동]을 클릭합니다.

04 [추가 기능] 대화상자의 [사용 가능한 추가기능] 항목에 앞의 02번 단계에서 입력한 파일명(My Function)이 표시됩니다. ① 파일명에 체크 표시한 후 ② [확인]을 클릭합니다.

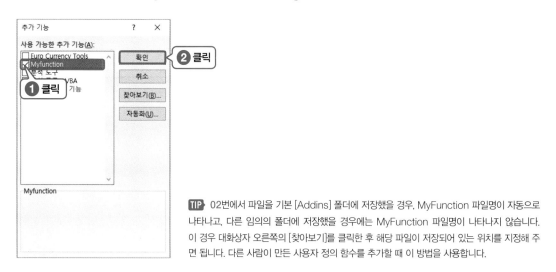

05 이런 식으로 추가 기능을 설정하면 MyTax 사용자 정의 함수를 모든 엑셀 파일에서 사용할 수 있습니다. 다음과 같이 임의의 엑셀 시트에서 **=MyTax(1500000)**과 같이 입력하면 0.22를 곱한 결과인 **330000**이 표시되는 것을 확인할 수 있습니다.

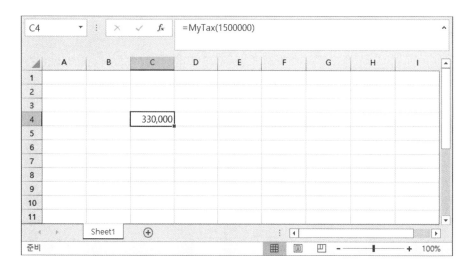

이처럼 사용자 정의 함수는 VBA로 코드를 한번 작성해서 등록하면 다른 엑셀 파일에서 언제든 사용할 수 있습니다.

친절한 POINT NOTE | EXCEL 추가 기능 파일 형식 xlam

사용자 정의 함수 파일은 윈도 버전에 따라 저장 위치가 다를 수 있습니다. 탐색기에서 MyFunction를 검색하면 정확한 저장 위치를 확인할 수 있습니다. 또한 확장자가 'xlam'인 것을 확인할 수 있습니다.

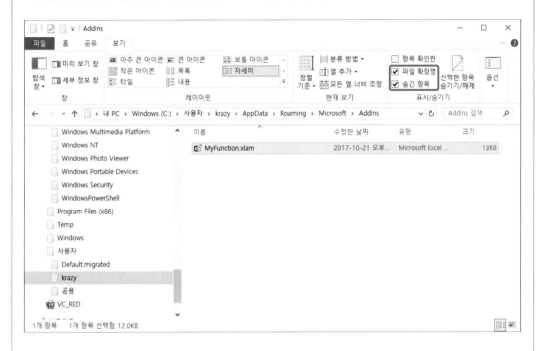

Excel 추가 기능 파일 형식은 윈도 탐색기의 [보기] 메뉴–[표시/숨기기] 그룹에서 [파일 확장명]과 [숨긴 항목]에 각각 체크 표시해야 해당 폴더 및 파일 확장자를 확인할 수 있습니다. 이 파일을 복사하여 다른 사람에게 메일로 전송하고, 다른 PC에서도 같은 방식으로 Excel 추가 기능으로 등록하면 MyTax라는 사용자 정의 함수를 사용할 수 있습니다. 또한 하나의 xlam 파일에 여러 개의 사용자 정의 함수를 만들어서 저장할 수도 있습니다.

친절한 POINT NOTE | 다른 엑셀 파일에서 사용자 정의 함수 사용하기

- VBA를 활용하여 사용자 정의 함수를 한 번 작성 후 [Excel 추가 기능] 형식으로 저장하면 다른 워크시트에서도 사용할 수 있습니다.

- 이 경우 확장자가 xlam 형태로 저장됩니다. 이 파일을 복사하여 다른 PC에서 추가 기능으로 등록하여 사용하도록 할 수도 있습니다.

앞에서는 쉬운 이해를 위해 인수가 한 개인 MyTax 사용자 정의 함수를 중심으로 설명했습니다. 하지만 다른 엑셀 함수와 마찬가지로 사용자 정의 함수도 입력 받는 인수가 여러 개 있거나 인수가 아예 없는 경우도 만들 수 있습니다. 엑셀 함수 중 today, now 등의 함수는 별도의 인수 없이 **=today( )**로 입력하면 현재 날짜나 시간이 표시되거나, vlookup 함수처럼 인수를 네 개씩 입력해야 하는 경우도 있습니다. 이번에는 이처럼 인수가 아예 없거나 여러 개인 사용자 정의 함수를 만드는 방법에 대해 알아보겠습니다.

인수가 없는 개인 사용자 정의 함수

예제 파일 CHAPTER 05\03_사용자 정의 함수2.xlsm [Who] 시트
완성 파일 CHAPTER 05\03_사용자 정의 함수2_완성.xlsm [Who] 시트

사용자 정의 함수도 인수가 없거나 두 개 이상일 수 있습니다. 각 인수의 개수에 따른 사용자 정의 함수의 구조는 다음과 같습니다.

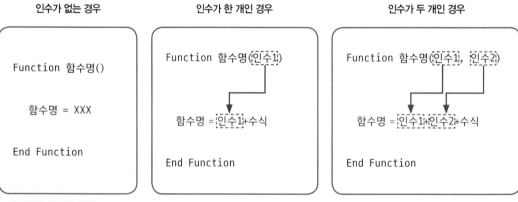

▲ 인수의 개수와 사용자 정의

이처럼 함수에 필요한 인수의 개수에 따라 해당 인수를 정의하고 수식에 동일하게 적용하면 됩니다. 만일 인수가 없는 함수의 경우에는 인수를 사용하지 않고 함수명에 바로 어떤 작업을 할지 정의합니다.

다음 [Who] Function 프로시저는 빈 셀에 **=Who( )**라고 입력하면 해당 PC의 사용자명을 나타내는 사용자 정의 함수입니다.

```
Function Who()
Who = Application.UserName
End Function
```

1행에 입력한 **Function Who( )**는 다른 사용자 정의 함수와 달리 Who 뒤의 괄호 안에 인수를 별도로 지정하지 않았습니다. 따라서 이 함수는 인수 입력 없이 빈 셀에 **=Who( )**로 사용합니다. 2행의 **Who=Application.UserName**은 PC 사용자명(Application.UserName)의 값을 Who 함수 결괏값에 반영하라는 의미입니다. 여기서 Application이란 엑셀 프로그램 자체를 의미하는 개체명입니다. UserName은 엑셀 프로그램의 사용자명을 말하는데, 이는 윈도의 사용자 이름과 대체로 동일합니다.

Who라는 사용자 정의 함수를 VBA로 작성하고 임의의 빈 셀에 **=Who( )**라고 입력하면 다음과 같은 결과를 얻을 수 있습니다.

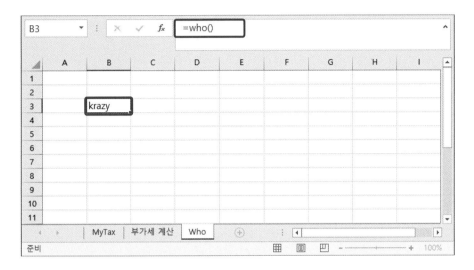

현재 필자는 PC 이름을 **krazy**로 입력해 놓았기 때문에 빈 셀에 **krazy**라고 표시됩니다. 다른 PC에서 이 함수를 사용할 경우 해당 PC의 사용자명이 표시될 것입니다.

인수가 여러 개인 사용자 정의 함수

예제 파일 CHAPTER 05\03_사용자 정의 함수2.xlsm [TriArea] 시트
완성 파일 CHAPTER 05\03_사용자 정의 함수2_완성.xlsm [TriArea] 시트

이번에는 인수가 두 개인 사용자 정의 함수를 간단히 만들어 보겠습니다. 삼각형의 넓이 공식은 **삼각형의 넓이 = 밑변 × 높이 × 1/2**이라는 점에 착안하여 밑변과 높이를 함수의 인수로 입력 받아 삼각형의 넓이를 계산해주는 사용자 정의 함수를 작성해보겠습니다.

```
Function TriArea(a, b)
TriArea = a * b * 1 / 2
End Function
```

삼각형의 넓이를 구하는 함수를 TriArea라고 정의하고 밑변과 높이를 각각 함수의 인수 a, b로 지정하여 **TriArea＝a*b*1/2**이라는 수식을 지정한 것입니다. TriArea라는 사용자 정의 함수를 사용할 경우 다음과 같이 밑변과 높이가 주어졌을 때 삼각형의 넓이를 구할 수 있습니다.

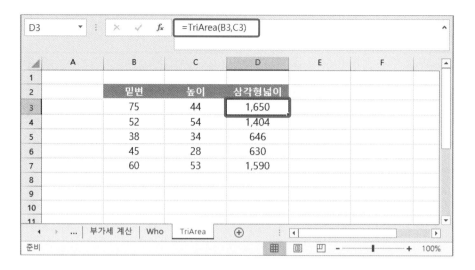

[D3] 셀에 **=TriArea(B3,C3)**와 같이 입력하면 밑변 75, 높이 44인 삼각형의 넓이를 계산할 수 있습니다. 이 경우 TriArea 함수의 인수는 [B3]과 [C3] 셀입니다. 삼각형의 넓이를 계산하려면 밑변과 높이를 각각 알아야 하기 때문에 인수 두 개로 사용자 정의 함수를 구성한 것입니다.

친절한 **POINT NOTE** 　　**인수가 없거나 여러 개인 사용자 정의 함수 만들기**

- 사용자 정의 함수도 일반 워크시트 함수와 마찬가지로 인수가 없거나, 인수가 한 개, 두 개 또는 그 이상인 형식으로 만들 수 있습니다.

- 사용자 정의 함수를 만들 때, 어떤 값을 받아서 함수의 결과로 만들 것인지 생각하면 함수의 인수를 몇 개로 할 것인지 결정할 수 있습니다.

날짜와 관련된 사용자 정의 함수

엑셀 함수 중 Weekday라는 함수가 있습니다. 날짜를 입력하면 해당 날짜의 요일을 숫자 1부터 7까지 값으로 반환해주는 함수입니다. 임의의 빈 셀에 **=WEEKDAY("2017–10–23")**라고 입력하면 숫자 2가 결괏값으로 나타납니다. 숫자 2는 월요일을 의미합니다. Weekday 함수 결괏값이 1이면 일요일, 2이면 월요일, 3이면 화요일과 같은 식입니다.

STEP 01 날짜를 요일로 변환하는 사용자 정의 함수

예제 파일 CHAPTER 05\04_ToWeekday 함수.xlsm [ToWeekday] 시트
완성 파일 CHAPTER 05\04_ToWeekday 함수_완성.xlsm [ToWeekday] 시트

엑셀의 Weekday 함수를 활용하여 날짜를 입력하면 해당 날짜의 요일을 **(월), (화), (수), (목), (금), (토), (일)**과 같은 한글 형태로 반환해주는 사용자 정의 함수를 만들어 보겠습니다.

Function ToWeekday(MyDate As Date) ──▶ MyDate 변수를 Date(날짜) 형식으로 지정하라

  i = WorksheetFunction.Weekday(MyDate) ──▶ Weekday 함수를 이용하여 계산한 MyDate 변숫값을 i 인수에 담아라

  Select Case i ──▶ i 인수가

    Case 1 ──▶ 1이면

    ToWeekday = "(일)" ──▶ (일)을 출력하고

    Case 2 ──▶ 2이면

    ToWeekday = "(월)" ──▶ (월)을 출력하고

    Case 3 ──▶ 3이면

    ToWeekday = "(화)" ──▶ (화)를 출력하고

    Case 4 ──▶ 4면

    ToWeekday = "(수)" ──▶ (수)를 출력하고

    Case 5 ──▶ 5면

    ToWeekday = "(목)" ──▶ (목)을 출력하고

    Case 6 ──▶ 6이면

    ToWeekday = "(금)" ──▶ (금)을 출력하고

```
    Case 7    ────▶ 7이면
    ToWeekday = "(토)"    ────▶ (토)를 출력하고
  End Select    ────▶ 작업을 끝내라

End Function
```

ToWeekday 함수의 인수는 **MyDate**라는 날짜 형식의 인수 한 개를 사용합니다. 여기서 MyDate는 ToWeekday라는 사용자 정의 함수의 인수이자 VBA의 변수입니다. 변수는 VBA에서 프로그램에서 입출력되는 값 또는 중간 계산값을 기억하는 공간(기억장소)을 의미합니다. **MyDate As Date**라고 정의한 것은 **MyDate**란 변수를 **날짜 형식(Date)**으로 지정한다는 의미입니다.

2행에서 i = WorksheetFunction.Weekday(MyDate)라고 했는데, 'Weekday라는 워크시트 함수를 사용하여 Weekday(MyDate)의 결괏값을 i 라는 변수에 담아라'라는 의미입니다. VBA에서 엑셀 워크시트 함수를 사용할 때에는 반드시 **WorksheetFunction.함수명**과 같은 식으로 사용해야 합니다. **변수 i**의 값은 엑셀함수 Weekday의 결괏값인 1부터 7 사이의 숫자가 됩니다. 따라서 이 값을 **Select Case** 문을 사용하여 '(일)'부터 '(토)'까지 한글 형태로 변환하고, 이를 ToWeekday 함수 결괏값으로 반환하도록 한 것입니다.

ToWeekday 사용자 정의 함수는 엑셀 워크시트 상에서 다음과 같이 사용할 수 있습니다.

C3	▼	:	×	✓	fx	=ToWeekday(B3)		
	A	B	C	D	E	F	G	
1								
2		**일자**	**요일**					
3		2017-10-19	(목)					
4		2017-10-24	(화)					
5		2017-10-27	(금)					
6		2017-10-31	(화)					
7		2017-11-02	(목)					
8		2017-11-07	(화)					
9		2017-11-13	(월)					
10								

ToWeekday BirthWeekday (+)

준비

[C3] 셀에 **=ToWeekday(B3)**라고 입력하면 [B3] 셀의 날짜 '2017-10-19'에 해당하는 요일이 (목)과 같은 형태로 표시됩니다. [C3] 셀의 수식을 복사해서 [C4:C9] 셀 범위에 붙여 넣으면 [B4:B9] 셀 범위에 있는 날짜를 모두 한글 요일 형태로 바꿀 수 있습니다.

엑셀에서 날짜를 바로 요일로 바꿔주는 함수는 없습니다. Weekday 함수가 있기는 하지만 이는 해당 요일의 값을 1부터 7까지 숫자 형태로 반환해줍니다. 이렇게 나타난 숫자를 다음과 같이 Index 함수와 함께 조합하면 VBA를 활용하지 않고도 엑셀 수식만 이용해 날짜를 요일로 나타낼 수 있습니다.

```
=INDEX({"일","월","화","수","목","금","토"},WEEKDAY("2001-6-12"))
```

또한 엑셀 함수를 이용하지 않고, 셀 서식 기능을 활용하여 날짜를 요일로 바꿔 표현할 수도 있습니다. 날짜가 입력된 셀의 셀 표시 형식을 [사용자 지정]에서 **aaa**로 지정하면 해당 요일이 셀에 표시됩니다.

이 경우 셀 고유의 값은 날짜에 해당하는 일련번호 값을 가지고 있으면서 화면에 표시되는 형식만 '일, 월, 화, 수, 목, 금, 토' 와 같은 형태가 됩니다. 사용자 지정 형식에 따라 나타나는 요일의 형태가 약간씩 다른데, 각 사용자 지정 형식별로 표시되는 모습은 다음 표와 같습니다.

사용자 지정 형식	화면 표시
aaa	일, 월, 화, 수, 목, 금, 토
aaaa	일요일, 월요일, 화요일, 수요일, 목요일, 금요일, 토요일
ddd	Sun, Mon, Tue, Wed, Thu, Fri, Sat
dddd	Sunday, Monday, Tuesday, Wednesday, Thursday, Friday, Saturday

이런 사용자 지정 형식을 괄호 등 다른 문자열과 조합해서 표시되도록 지정할 수 있습니다. 만일 반환되는 요일 형태를 앞의 ToWeekday 사용자 정의 함수처럼 '(일), (월), (화), (수), (목), (금), (토)'와 같은 형태로 나타나도록 하려면 사용자 지정 형식을 "("aaa")"와 같이 지정하면 됩니다. 물론 [본격 실습]에서 배운 내용은 워크시트 함수를 사용해 얻은 값을 Select Case 문을 사용하여 다양하게 표시하는 방법을 배운 것이므로 얼마든지 응용이 가능합니다.

생일의 요일을 알려주는 사용자 정의 함수

예제 파일 CHAPTER 05 \ 04_ToWeekday 함수.xlsm [BirthWeekday] 시트
완성 파일 CHAPTER 05 \ 04_ToWeekday 함수_완성.xlsm [BirthWeekday] 시트

Function 프로시저 형태로 만든 사용자 정의 함수는 보통 엑셀 시트에서 일반 함수처럼 사용하지만 다른 Sub 프로시저에서 호출해서 사용할 수도 있다고 배웠습니다. 이 방법을 활용하여 자신의 생일을 입력하면 요일을 알려주는 VBA 코드를 만들어보겠습니다.

다음의 [BirthWeekday] 프로시저는 태어난 날짜를 입력받아 ToWeekday 사용자 정의 함수를 활용하여 요일로 전환하고, 해당 요일을 메시지 상자 형태로 보여주는 프로시저입니다.

```
Sub BirthWeekday()

Dim MyDate As Date
Dim MyWeekday As String

MyDate = InputBox("당신의 생년월일을 입력해 주세요", "내가 태어난 요일", "1969-09-27")
MyWeekday = ToWeekday(MyDate)
MsgBox "당신은 " & MyWeekday & "요일에 태어났군요."

End Sub
```

먼저 **MyDate**란 변수를 **날짜 형식(Date)**으로 선언하고, **MyWeekday** 변수를 **문자 형식(String)**으로 선언합니다. 특정 변수를 변수 형식으로 선언할 때에는 **Dim 변수명 As 변수형식**과 같은 식으로 선언합니다. 어떤 형식으로 선언해야 할지 모를 때에는 **Variant** 형식으로 선언하면 정수, 숫자, 문자, 날짜, 시간을 VBA가 판단해 자동으로 지정해줍니다.

TIP 변수 형식을 선언하는 방법은 CHAPTER 04의 p.115를 참고합니다.

InputBox 형태로 생일을 입력 받아 **MyDate**란 날짜 형식의 변수에 담습니다. **ToWeekday** 사용자 정의 함수를 호출하여 **MyDate** 변숫값(생일)을 요일로 반환하여 **MyWeekday**라는 변수에 담습니다. 그다음 메시지 상자로 '당신은 ○요일에 태어났군요'라는 메시지를 보여줍니다.

[BirthWeekday] 프로시저의 실행 결과는 다음과 같습니다.

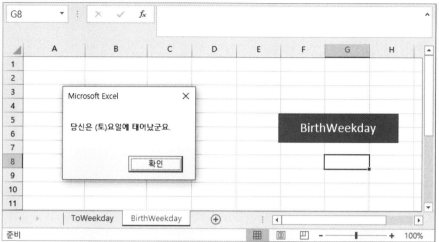

InputBox에 **1969-09-27**을 입력했을 경우 해당 일자는 토요일이므로 **당신은 (토)요일에 태어났군요.**라
는 메시지가 표시됩니다. 이 [BirthWeekday] 프로시저는 앞에서 만든 [ToWeekday] Function 프로시
저와 함께 사용합니다. [BirthWeekday]라는 Sub 프로시저 내에서 [ToWeekday] Function 프로시저
(사용자 정의 함수)를 사용하기 때문입니다. 이처럼 Function 프로시저로 만든 사용자 정의 함수는 다른
Sub 프로시저에서 얼마든지 호출해 사용할 수 있습니다.

본격
실습

셀 색 관련 사용자 정의 함수

이번에는 VBA를 활용하여 엑셀에는 존재하지 않는 특수한 함수를 만들어보겠습니다. 엑셀 워크시트 함수 중에는 특정 색이 설정된 셀의 개수를 계산하는 함수는 없습니다. 이런 함수를 VBA 사용자 정의 함수를 사용해 만들어보겠습니다.

STEP 01 특정 색이 있는 셀의 개수 구하기

예제 파일 CHAPTER 05\05_Color 관련 함수.xlsm [CountColor] 시트
완성 파일 CHAPTER 05\05_Color 관련 함수_완성.xlsm [CountColor] 시트

다음 CountColor 사용자 정의 함수는 특정 셀 범위에서 특정 셀과 같은 색을 가진 셀의 개수를 구해주는 함수입니다.

```
Function CountColor(Rng As Range, TargetCell As Range) As Variant

Application.Volatile

For Each k In Rng
If k.Interior.ColorIndex = TargetCell.Interior.ColorIndex Then
    CountColor = CountColor + 1
End If
Next k

End Function
```

만일 [H5] 셀이 노란색으로 설정되어 있고, [A2:F11] 셀 범위에 [H5] 셀과 같은 노란색 셀의 개수를 구하고자 한다면 이 사용자 정의 함수를 활용하여 빈 셀에 **=CountColor(A2:F11,H5)**와 같이 입력하면 됩니다. 즉, CountColor 사용자 정의 함수는 **=CountColor(특정영역, 특정셀)**과 같은 형태로 사용하며 특정영역에서 특정 셀과 같은 색상을 지닌 셀의 개수를 구해주는 함수입니다.

함수의 인수는 **Rng**와 **TargetCell**입니다. **Rng**는 특정 색상이 있는 셀 범위이고, **TargetCell**은 특정 색상이 있는 셀입니다. 코드를 보면 **For Each~Next** 문을 사용하여 **Rng** 인수의 영역 내 위치한 **각 셀(k)**을 하나씩 순환해 확인하도록 되어 있습니다. Rng 영역 내에 위치한 셀의 **ColorIndex**(셀 색) 값이 **TargetCell**의 셀 색상과 동일할 경우 **CountColor** 함수의 결괏값에 1씩 더해줍니다. 따라서 **CountColor** 함수의 결괏값은 **Rng** 셀 영역 내에서 TargetCell과 같은 색상을 가진 셀의 개수를 보여주게 됩니다.

프로시저 1행에 Application.Volatile이라는 코드를 삽입했는데, 이는 **휘발성 함수**를 의미합니다. Function 프로시저를 사용하여 VBA 코드를 작성할 경우, 문장의 앞에 **Application.Volatile**이라는 코드를 넣으면 해당 사용자 정의 함수는 휘발성 함수가 됩니다.

일반 함수는 해당 셀 범위 내에 함수의 결과가 바뀔 수 있는 데이터(숫자나 문자)가 바뀔 때 재계산되지만, 휘발성 함수로 선언하면 셀 범위의 숫자는 물론 셀 서식 등 다른 부분이 변경되어도 재계산됩니다. 즉 빈 셀에 **=CountColor(A2:F11,H5)**라는 수식을 입력했을 때 휘발성 함수가 아니라면 [A2:F11] 셀 범위에 색을 바꾸더라도 바로 결과에 반영되지 않고 파일을 저장하고 다시 열 경우에만 재계산됩니다. 이때 휘발성 함수로 선언하면 색을 바꿀 때 마다 자동으로 계산되는 것입니다.

친절한 POINT NOTE | 휘발성 함수 알아보기

휘발성 함수의 대표적인 예가 Today, Now, Rand 등입니다. 예를 들어, 난수를 생성하는 Rand 함수의 경우 임의의 셀에 =rand( )라고 입력하면 0~1 사이 임의의 소수를 표시해줍니다. 이 상태에서 다른 임의의 셀에 값을 입력하거나, 지우면 Rand 함수의 결과가 바로 업데이트됩니다. 이와 같이 셀 내에 함수와 무관한 다른 값들이 바뀔 때마다 재계산하는 함수를 휘발성 함수라고 합니다.

이런 함수가 사용된 파일은 해당 파일을 열었다가 다른 어떤 작업을 하지 않고 바로 닫더라도 '파일의 변경 내용을 저장하시겠습니까?'라는 메시지가 나타납니다. 이는 파일을 열거나 닫을 때 휘발성 함수가 재계산되어서 그런 것입니다.

VBA를 활용하여 사용자 정의 함수를 만들 때 이처럼 휘발성 함수로 만들어주는 코드가 바로 **Application.Volatile**입니다. 이 문장을 Function 프로시저 처리구문 내에 입력하면, Function 프로시저에서 선언한 함수의 속성이 휘발성 함수가 됩니다. 앞의 CountColor 사용자 정의 함수도 휘발성 함수로 만들어야 Rng 영역 내에 색이 바뀔 때 CountColor 함수 결과가 바로 반영됩니다.

일반적으로 사용자 정의 함수를 작성할 때 휘발성 함수로 선언할 필요는 없습니다. 대부분 함수는 함수 인수가 지정한 영역 내 데이터가 바뀔 때마다 자동으로 재계산되기 때문입니다.

CountColor 함수는 워크시트에서 다음과 같이 사용할 수 있습니다.

[H7] 셀에 **=CountColor(A2:F11,H5)**라고 입력하면 [A2:F11] 셀 범위에 [H5] 셀과 같은 색을 가진 셀의 개수를 확인할 수 있습니다. 예제 파일에서는 [A2:F11] 셀 범위에 [H5] 셀과 같은 노란색 셀의 개수가 5개이므로 함수의 결괏값은 5가 됩니다.

STEP 02 특정 색이 있는 셀 값의 합계 계산하기

예제 파일 CHAPTER 05 \ 05_Color 관련 함수.xlsm [SumColor] 시트
완성 파일 CHAPTER 05 \ 05_Color 관련 함수_완성.xlsm [SumColor] 시트

앞에서 특정 셀과 동일한 색상을 지닌 셀의 개수를 구하는 CountColor 사용자 정의 함수를 만들었습니다. 이번에는 특정 셀과 동일한 색상을 가진 셀들 내에 있는 숫자들의 합계를 구해주는 함수를 만들어보겠습니다. 다음의 SumColor 함수는 특정 셀과 동일한 색상을 지닌 셀에 입력된 숫자들의 합계를 산출해주는 사용자 정의 함수입니다.

```
Function SumColor(Rng As Range, TargetCell As Range) As Variant

Application.Volatile

For Each k In Rng
If k.Interior.ColorIndex = TargetCell.Interior.ColorIndex Then
    SumColor = SumColor + k.Value
End If
```

```
  Next k

  End Function
```

대부분의 코드 구조는 앞에서 작성한 CountColor 사용자 정의 함수와 유사합니다. 다만 CountColor의 경우 **CountColor=CountColor+1**로 표현했는데, SumColor 프로시저의 경우 **SumColor=SumColor+k. Value**라고 표현했습니다. CountColor의 경우 **Rng** 범위 안의 셀이 TargetCell과 같은 색일 경우 숫자 1씩 더해가는 구조였다면, SumColor는 해당 셀에 입력된 값(k.Value) 자체를 누적으로 더해가는 구조입니다. 그래서 Rng 영역에서 각 셀의 색상이 TargetCell의 색상과 같을 경우 해당 셀 값을 누적해 합산하는 것입니다.

SumColor 함수는 워크시트 상에서 다음과 같이 사용할 수 있습니다.

H7			fx	=SumColor(A2:F11,H5)				
	A	B	C	D	E	F	G	H	I
1	1월	2월	3월	4월	5월	6월			
2	4,469	682	4,593	6,603	5,109	2,003			
3	8,595	2,474	1,202	2,415	2,298	6,109			
4	9,105	984	2,420	5,856	9,539	7,816			
5	2,857	7,611	583	9,445	8,130	9,605			
6	3,099	5,190	3,437	6,919	8,981	2,613			
7	823	4,946	1,783	9,090	1,629	1,284		15,985	
8	5,843	1,697	6,601	358	1,629	656			
9	5,329	6,412	635	7,131	542	1,511			
10	1,089	2,047	1,706	5,468	6,448	6,714			
11	1,767	4,861	9,439	5,034	9,616	521			

CountColor　SumColor

준비 　　　　　　　100%

빈 셀에 **=SumColor(A2:F11,H5)**라고 입력하면 [A2:F11] 셀 범위에 [H5] 셀과 같은 색상을 가진 셀의 합계를 구할 수 있습니다.

문자열 관련 사용자 정의 함수

특정 기호 기준 오른쪽 문자열만 추출하기

여러 문자열이 한 셀에 있을 때 특정 기호(또는 문자)를 기준으로 오른쪽에 있는 문자열이나 특정 형태의 문자만 추출하고자 해도 이런 기능을 가진 함수는 없습니다. 이번에는 사용자 정의 함수를 이용해 문자열을 추출하는 방법에 대해 알아보겠습니다.

예제 파일 CHAPTER 05\06_Text 관련 함수.xlsm [GetRight] 시트
완성 파일 CHAPTER 05\06_Text 관련 함수_완성.xlsm [GetRight] 시트

보통 특정 기호를 기준으로 문자를 분리할 때는 [텍스트 나누기] 기능을 사용합니다. 하지만 사용자 정의 함수를 만들어 사용하면 원본이 바뀔 경우 바로 결과가 반영되고, 원본 데이터는 손상되지 않기 때문에 편리합니다. 다음 GetRight 사용자 정의 함수는 특정 구분자 기준으로 오른쪽에 있는 문자열만 추출하는 함수입니다.

```
Function GetRight(Txt As String, Separator As String) As String

    GetRight = Right(Txt, Len(Txt) - InStrRev(Txt, Separator))

End Function
```

TIP Right, InStrRev는 VBA 함수입니다. 워크시트 함수를 VBA에 사용할 때에는 WorksheetFunction.함수명 형태로 코드를 작성하지만 VBA 함수를 사용할 때에는 바로 함수명을 언급하면 됩니다.

코드는 의외로 간단합니다. GetRight 함수는 **Txt**와 **Separator**라는 두 개의 인수를 필요로 하는 사용자 정의 함수입니다. 이 두 개의 인수 및 GetRight라는 사용자 정의 함수 결괏값 모두 **문자열 형식(String)**으로 선언했습니다. GetRight 함수는 **=GetRight(Txt, Separator)**와 같은 형태로 사용하며 **Txt**(문자열)에서 **Separator**(구분 기호)를 기준으로 오른쪽 문자열만 추출합니다. GetRight 함수의 결과는 **Right**라는 VBA 함수를 이용해서 **Right(전체문자열, 전체문자열 개수−Separator 문자열 위치)** 형태로 산출합니다. 여기서 **Right** 함수는 VBA 함수인데, 워크시트의 right 함수와 동일합니다. 즉, 특정 문자열에서 지정한 숫자만큼 오른쪽 문자열을 추출하는 함수입니다.

InStrRev 함수도 VBA 함수인데, 전체 문자열에서 특정 문자의 위치를 숫자 값으로 산출해주는 함수입니다.

아래 그림은 GetRight 사용자 정의 함수의 사용 예제입니다.

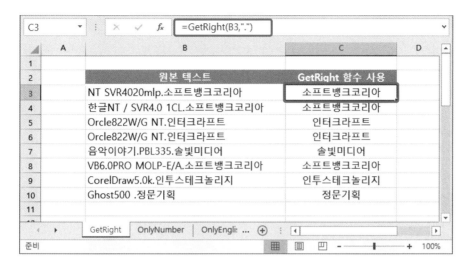

[C3] 셀에 **=GetRight(B3,".")** 라고 입력하면, [B3] 셀의 문자열에서 '.'을 기준으로 오른쪽에 있는 문자열만 추출할 수 있습니다. 이와 같은 식으로 B열에 있는 나머지 텍스트들도 '.'을 기준으로 오른쪽에 있는 문자열들을 쉽게 추출할 수 있습니다.

친절한 POINT NOTE ／ **InStr 및 InStrRev VBA 함수**

VBA 함수 중에 **InStr**, **InStrRev**라는 함수가 있습니다. 이 함수들은 엑셀 워크시트에서는 사용할 수 없고 VBA로 코드를 작성할 경우에만 사용할 수 있습니다. **InStr** 함수는 특정 문자열이 위치한 상대적 위치를 반환해주는 함수입니다. 예를 들어, 다음의 VBA 코드를 실행할 경우 숫자 **2**를 메시지 상자로 보여줍니다.

```
MsgBox InStr("가나다가나다가나다", "나")
```

전체 '가나다가나다가나다' 텍스트에서 '나' 문자는 왼쪽에서 두 번째에 있기 때문입니다. 텍스트 '나'가 계속 중복되어 나타나더라도 왼쪽부터 오른쪽으로 한 글자씩 계산해서 처음으로 나타나는 위치를 산출해줍니다.

InStrRev라는 VBA 함수도 있는데 이는 문자열의 오른쪽부터 왼쪽으로(역방향으로) 계산해서 처음으로 나타나는 위치를 산출해주는 함수입니다. 예를 들어, 다음 VBA 코드를 실행시킬 경우 숫자 **8**을 메시지 상자로 보여줍니다.

```
MsgBox InStrRev("가나다가나다가나다", "나")
```

전체 '가나다가나다가나다' 텍스트에서 '나' 문자는 오른쪽을 기준으로 할 때 여덟 번째에 위치해 있기 때문입니다. 오른쪽부터 계산해서 '나'라는 문자열이 두 번째, 다섯 번째, 여덟 번째에 각각 나타나지만, InStrRev 함수는 마지막으로 나타난 위치를 산출해줍니다.

문자열에서 숫자, 영문자, 한글을 선택적으로 추출하기

예제 파일 CHAPTER 05\06_Text 관련 함수.xlsm [OnlyNumber], [OnlyEnglish], [OnlyKorean] 시트
완성 파일 CHAPTER 05\06_Text 관련 함수_완성.xlsm [OnlyNumber], [OnlyEnglish], [OnlyKorean] 시트

영어, 숫자, 한글 등이 복합적으로 섞여 있는 문자열에서 숫자만 추출하는 엑셀의 함수나 기능은 없습니다. 하지만 사용자 정의 함수를 만들어 사용하면 간단히 해결할 수 있습니다. 다음 OnlyNumber 사용자 정의 함수는 텍스트에서 숫자만 추출해주는 함수입니다.

```
Function OnlyNumber(Target As String) As String

Dim i As Integer
Dim AscVal As Integer

For i = 1 To Len(Target)
    AscVal = Asc(Mid(Target, i, 1))
    If AscVal >= 48 And AscVal <= 57 Then
     OnlyNumber = OnlyNumber + Mid(Target, i, 1)
    End If
Next i

End Function
```

OnlyNumber 사용자 정의 함수는 **Target**이라는 **문자열 형태(String)**의 인수 한 개가 필요합니다. 즉 **=OnlyNumber(특정 문자열)** 형태로 함수를 셀에 입력하면 특정 문자열에서 숫자만 추출할 수 있습니다. 코드 구조는 다음과 같습니다.

먼저 i, AscVal이라는 변수를 **정수 형태(Integer)**로 선언합니다. i 값이 1부터 **전체 문자열 개수(Len(Target))** 까지 반복 계산하되, **AscVal** 값이 **48 이상 57 이하**일 경우에만 OnlyNumber 함수의 결과에 반영하는 식으로 코드가 구성되어 있습니다.

여기서 AscVal 변수는 **AscVal = Asc(Mid(Target, i, 1))**와 같이 선언했는데, **Asc**라는 VBA 함수는 해당 문자열의 아스키 코드 값을 계산해주는 함수입니다. **Mid**라는 VBA 함수는 일반 워크시트 함수와 의미가 동일하며 **Mid(Target, i, 1)**은 Target 문자열 값을 왼쪽부터 한 문자 단위로 끊어 읽는 것을 의미합니다.

OnlyNumber 사용자 정의 함수는 엑셀 워크시트 상에서 다음과 같이 사용할 수 있습니다.

[C3] 셀에 **=OnlyNumber(B3)**라고 입력하면 [B3] 셀의 문자열에서 숫자만 추출할 수 있습니다. 이런 식으로 B열에 있는 다른 텍스트에서도 숫자 부분만을 쉽게 추출할 수 있습니다.

친절한 POINT NOTE | 엑셀에서의 아스키 코드

문자에는 아스키(ASCII) 코드라는 고유의 값이 있습니다. 엑셀 워크시트 함수 중 **Code** 함수를 사용하면 해당 문자의 아스키 코드 값을 알 수 있습니다. 숫자 0부터 9까지에 해당하는 아스키 코드 값은 48~57입니다.

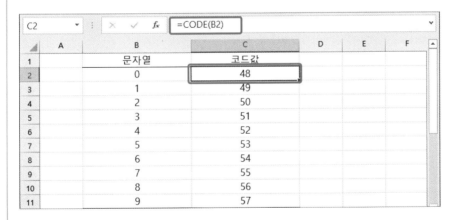

앞에서 설명한 OnlyNumber 사용자 정의 함수도 숫자에 해당하는 아스키 코드 값이 48에서 57 사이에 있다는 점을 활용하여 숫자를 추출한 것입니다. 비슷한 식으로 영어의 소문자에 해당하는 a~z는 아스키 코드로 97~122의 값을 가지고, 영어의 대문자에 해당하는 A~Z는 아스키 코드로 65~90의 값을 가집니다. 이처럼 워크시트 함수에서 아스키 코드 값을 읽는 함수로 Code가 있고, VBA 함수로는 Asc라는 함수가 있습니다. VBA에서 아스키 코드 값을 산출할 때 Asc 함수를 사용하면 됩니다.

유사한 방식으로 특정 문자열에서 영문자를 추출하는 사용자 정의 함수를 만들 수 있습니다. [Only English] 시트의 OnlyEnglish 사용자 정의 함수는 전체 텍스트에서 영문자를 추출하는 사용자 정의 함수입니다.

```
Function OnlyEnglish(Target As String) As String

Dim i As Integer
Dim AscVal As Integer

For i = 1 To Len(Target)
    AscVal = Asc(Mid(Target, i, 1))
    If AscVal >= 65 And AscVal <= 90 Or AscVal >= 97 And AscVal <= 122 Then
        OnlyEnglish = OnlyEnglish + Mid(Target, i, 1)
    End If
Next i

End Function
```

대부분의 VBA 코드 구조는 OnlyNumber 사용자 정의 함수와 유사하지만 Asc 함수의 값을 **65~90, 97~122**인 경우로 지정한 것만 다릅니다. Asc 코드 값이 **65~90**은 영어 대문자, **97~122**는 영어 소문자를 의미합니다.

TIP 만일 위 코드에서 Asc 함수 조건을 65~90으로 지정할 경우에는 영어 대문자만 추출할 수도 있습니다.

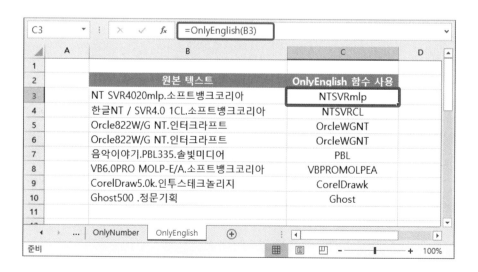

[C3] 셀에 **=OnlyEnglish(B3)**이라고 입력하면, [B3] 셀의 문자열에서 영문자만 추출할 수 있습니다.

다음 OnlyKorean 사용자 정의 함수는 특정 문자열에서 한글만 추출하는 함수입니다.

```
Function OnlyKorean(Target As String) As String

Dim i As Integer
Dim AscVal As Integer

For i = 1 To Len(Target)
  AscVal = Asc(Mid(Target, i, 1))
    If AscVal < 0 Then
       OnlyKorean = OnlyKorean + Mid(Target, i, 1)
    End If
Next i


End Function
```

코드 구조는 OnlyNumber 사용자 정의 함수와 동일하지만 Asc 함수의 값만 음수로 지정해주면 됩니다.

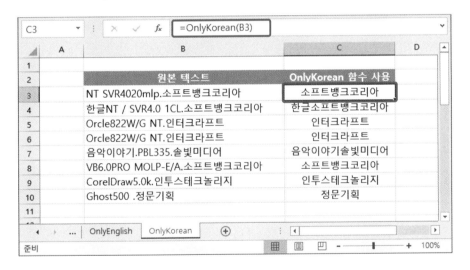

[C3] 셀에 **=OnlyKorean(B3)**이라고 입력하면 [B3] 셀의 문자열에서 한글만 추출할 수 있습니다.

배열함수 형태의 사용자 정의 함수

엑셀에는 배열이라는 개념이 있습니다. 쉽게 말해 여러 문자 또는 숫자의 일련의 집합(셀 범위)을 의미합니다. 사용자 정의 함수도 이처럼 배열 형태로 만들 수 있습니다.

STEP 01 배열의 행과 열을 바꾸는 Transpose 함수

예제 파일 CHAPTER 05\07_배열 관련 함수.xlsm [Transpose] 시트
완성 파일 CHAPTER 05\07_배열 관련 함수_완성.xlsm [Transpose] 시트

워크시트 함수 중에서도 배열을 이용한 함수가 있습니다. 대표적인 것이 셀 범위의 행과 열을 바꾸어 나타내는 Transpose 함수입니다. 사용 예는 다음과 같습니다.

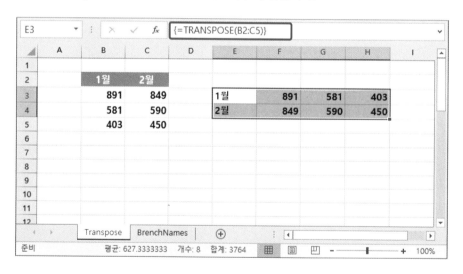

Transpose 함수는 다음과 같이 입력합니다. 먼저 행렬을 바꾸어 나타낼 [E3:H4] 셀 범위를 먼저 선택하고 [E3] 셀에 **=TRANSPOSE(B2:C5)**를 입력한 상태에서 Ctrl + Shift + Enter 를 눌러 입력합니다. 이렇게 입력하면 하나의 수식을 배열 형태로 받아 처리하게 되며 행과 열이 바뀌어 출력됩니다. 그리고 수식이 중괄호로 묶여 **{=TRANSPOSE(B2:C5)}**로 입력됩니다.

각 지점명을 한번에 입력하는 함수

예제 파일 CHAPTER 05\07_배열 관련 함수.xlsm [BrenchNames] 시트
완성 파일 CHAPTER 05\07_배열 관련 함수_완성.xlsm [BrenchNames] 시트

VBA의 사용자 정의 함수에도 배열 형태의 함수를 작성할 수 있습니다. 만일 어떤 회사에 네 개의 지점이 있는데 항상 '부산지점, 대구지점, 대전지점, 광주지점'의 순서대로 빈 셀에 입력하고자 한다면 항상 이 순서대로 표시되는 함수를 하나 만들어서 사용하면 편리할 것입니다. 다음 BrenchNames라는 사용자 정의 함수는 각 지점명을 자동으로 입력해주는 함수입니다.

```
Function BrenchNames()

BrenchNames = Array("부산지점", "대구지점", "대전지점", "광주지점")

End Function
```

BrenchNames라는 인수 없는 함수를 정의하고, BrenchNames는 VBA의 **배열 형태(Array)**로 선언해 각 지점명을 입력합니다. 여기서 **Array**는 배열을 처리하는 VBA 함수입니다. 배열이란 엑셀에서 동일 특성을 지닌 일련의 숫자 또는 문자의 집합체입니다. BrenchNames 사용자 정의 함수는 워크시트 상에서 다음과 같이 이용할 수 있습니다.

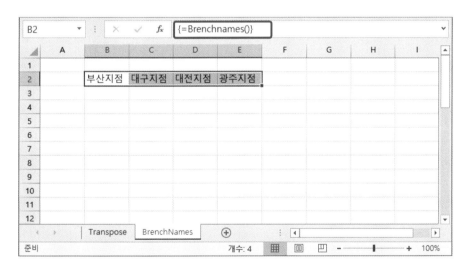

먼저 [B2:E2] 셀 범위를 선택한 상태에서 [B2] 셀에 **=BrenchNames( )**라고 입력하고, Ctrl + Shift + Enter 를 누릅니다. 그러면 부산지점, 대구지점, 대전지점, 광주지점이라는 각 지점명이 각 셀에 자동으로 입력됩니다. 이처럼 배열함수를 사용할 경우 기본적으로 가로 방향(행 방향)으로 처리됩니다.

하지만 BrenchNames 사용자 정의 함수와 Transpose 워크시트 함수를 적절히 응용하면 세로 방향(열 방향) 형태로 지점명을 입력할 수도 있습니다. 다음과 같이 입력하면 세로 방향(열 방향)으로 지점명을 입력할 수 있습니다.

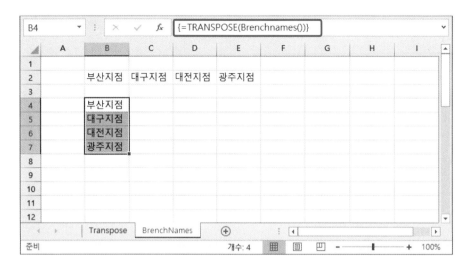

먼저 지점명을 입력하고자 하는 영역인 [B4:B7] 셀 범위를 먼저 선택합니다. 이 상태에서 [B4] 셀에 **=Transpose(BrenchNames( ))**를 입력하고 Ctrl + Shift + Enter 를 누릅니다. 그러면 그림과 같이 각 지점명이 세로 방향(열 방향)으로 입력됩니다.

BrenchNames 사용자 정의 함수는 VBA 함수인 Array 함수를 사용하여 각 지점명을 받은 것인데, 기본적으로 가로 방향(행 방향)으로 처리하도록 기본값이 정해져 있습니다. 이를 세로 방향(열 방향)으로 처리하기 위해 워크시트 함수인 Transpose 함수를 함께 사용한 것입니다.

핵심 실무 학습 혼자 해보기

예제 및 완성 파일 CHAPTER 05\학습점검.xlsm, 05\학습점검_완성.xlsm

01 월별 매출에서 원가는 매출의 **80%**라고 가정할 경우 원가를 산출하는 MyCost 라는 사용자 정의 함수를 작성합니다.

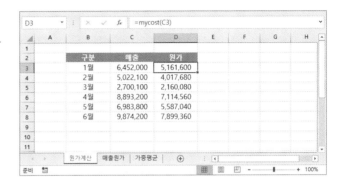

02 [매출원가]를 클릭하면 '매출을 입력하세요'라는 InputBox가 나타나 매출값을 입력 받고, 앞의 01번에서 작성한 MyCost 사용자 정의 함수를 활용한 원가(원가율 80%)를 메시지상자 형태로 보여주는 VBA 코드를 작성합니다(예제 그림은 InputBox에서 매출을 5000으로 입력한 경우의 결괏값).

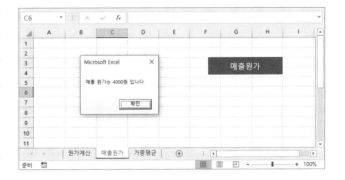

03 다음 월별 매출 자료에서 월 평균을 구하되 1월, 2월, 3월의 가중치를 각각 20%, 30%, 50%로 적용한 평균을 계산하는 MyAverage 사용자 정의 함수를 작성합니다(가중평균 = 1월 × 0.2 + 2월 x 0.3 + 3월 x 0.5).

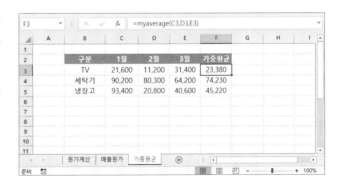

엑셀 VBA 개체 모델

이번
CHAPTER
에서는

엑셀 개체 모델에 관하여

시작하기

이번 CHAPTER에서는 VBA의 기초가 되는 개체를 알아보겠습니다. VBA는 개체, 메서드, 속성 등의 요소로 구성되어 있으며 이 중에서 가장 기본이 되는 것은 개체입니다. '개체'란 일을 시키는 대상으로, 가장 많이 언급되는 개체는 Workbook, Worksheet, Range입니다. 개체 이름을 보면 알 수 있듯이 엑셀 파일, 파일 내의 시트, 시트 내의 각 셀 또는 셀 범위와 관련된 작업을 주로 하기 때문입니다.

예를 들면 파일을 새로 만들어 특정 폴더에 저장하거나, 특정 폴더에 들어 있는 파일명 리스트를 추출하는 작업, 여러 파일을 하나씩 열어 특정 내용을 하나의 시트에 취합하는 작업은 모두 Workbook 개체와 관련된 작업들입니다. 이렇듯 일일이 파일을 열어 확인하고, 수정하고, 저장하는 등의 번거로운 작업은 VBA를 활용해 자동으로 처리할 수 있습니다.

여러 시트에 반복적으로 하는 작업도 유사합니다. 가령 하나의 엑셀 파일에 12개의 시트가 있고 이 시트에 1월, 2월, 3월과 같이 시트명을 입력해야 할 때, 이 작업을 자동화할 수 있습니다. 또한 여러 시트에 있는 매출 집계표를 하나의 시트로 취합해야 할 때, 각 시트를 열어 일일이 영역을 복사, 붙여 넣는 작업을 자동화하면 간편합니다. 이런 작업은 VBA의 Worksheet 개체와 관련된 작업들인데 VBA 코드 몇 줄만으로도 쉽게 자동화할 수 있습니다.

가장 자주 사용하는 엑셀 개체는 셀 또는 셀 범위 선택과 관련된 것입니다. 엑셀에서 특정 셀 또는 범위를 선택하거나, 값을 입력하고, 색을 적용하는 등의 작업은 모두 VBA의 Range 개체와 관련된 작업입니다. VBA에서 특정 셀 또는 범위를 언급할 때 Cells, Offset 등의 속성을 많이 사용하게 되는데, 이와 같이 Range 개체와 관련된 각 속성도 이번 CHAPTER에서 알아보겠습니다.

VBA에 필수적인 개체 모델

Workbook 개체

완성 파일 CHAPTER 06\01_엑셀 개체_완성.xlsm [WorkBook] 시트

엑셀 VBA에는 Application, Workbook, Worksheet, Range 개체가 있고, 이들 개체는 상위 개체와 하위 개체의 수직적 계층 구조로 되어 있습니다. Application이란 하나의 프로그램을 말합니다. 엑셀 VBA 구문에서 **Application**은 '엑셀' 프로그램 자체를 의미합니다. Application 하위의 **Workbooks, Workbook** 개체는 엑셀의 '개별 파일'을 의미하며, **Worksheets, Worksheet** 개체는 '엑셀 시트'를 의미합니다. **Range** 개체는 특정 셀 범위 또는 셀을 의미합니다. 이처럼 엑셀 VBA 개체는 계층 구조로 되어 있는데 이런 관계를 도식화하면 다음과 같습니다.

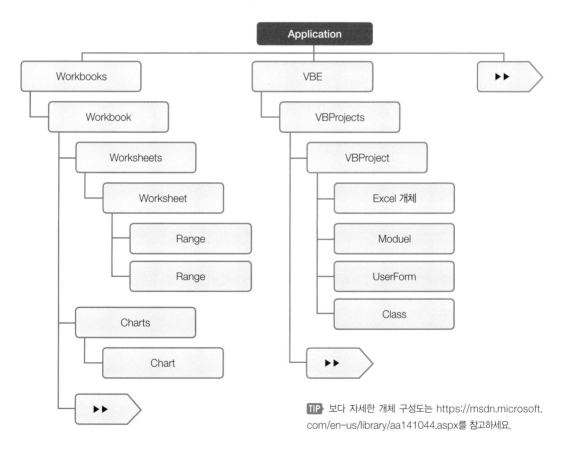

TIP 보다 자세한 개체 구성도는 https://msdn.microsoft.com/en-us/library/aa141044.aspx를 참고하세요.

엑셀 VBA 개체의 계층 구조도는 실제로 이보다 훨씬 더 복잡하지만 자주 사용하는 개체 위주로 간단히 개념을 정리한 것입니다. VBA 개체 중 **Workbook** 개체는 '엑셀 파일'을 의미하는데 **Workbooks**는 컬렉션(Collection)이라는 개념입니다. 쉽게 말해 '여러 파일들 중 하나'를 지정할 때는 **Workbooks** 개체를 사용하고, 현재 파일(ThisWorkbook) 또는 활성화되어 있는 파일(ActiveWorkbook) 등 특정 파일을 지정할 때는 **Workbook** 개체를 사용합니다.

VBA를 이용해 엑셀 파일 열기

VBA를 이용해 엑셀 파일 자체에 접근해야 할 경우가 있습니다. 파일을 새로 만들거나, 이미 만들어진 파일을 열고, 작업이 끝나면 파일을 저장하고 닫는 등의 작업이 그렇습니다. VBA에서 Workbook 개체를 사용해 이런 파일 관련 작업들을 어떻게 구현하는지 알아보겠습니다. 다음 [OpenFile1] 프로시저는 VBA를 이용하여 'C:\Temp' 경로에 있는 '매출집계.xlsx' 파일을 여는 프로시저입니다.

```
Sub OpenFile1()

    Workbooks.Open Filename:="C:\Temp\매출집계.xlsx"

End Sub
```

TIP [OpenFile1] 프로시저를 실행하려면 **C:\Temp** 경로에 **매출집계.xlsx** 파일을 미리 복사해둡니다.

Workbooks.Open 구문은 **Open** 메서드를 활용하여 **Workbooks** 개체를 열라는 의미입니다. 이 경우는 여러 파일 중에 한 파일을 여는 것이므로 **Workbooks** 컬렉션을 사용한 것입니다. **Filename** 인수에 해당 파일의 경로와 엑셀 파일명을 지정해주면 됩니다. 원래는 **Workbooks** 개체명 앞에 **Application** 개체명을 붙여 **Application.Workbooks.Open**과 같은 식으로 코드를 작성해야 하지만, 보통 같은 엑셀에서 작업하므로 **Application** 개체명을 생략하고 **Workbooks** 개체명만 적습니다. [OpenFile1] 프로시저를 실행하면 다음과 같은 결과를 얻을 수 있습니다.

완성 파일의 [OpenFile1] 프로시저를 실행하면 앞 그림처럼 '매출집계.xlsx' 파일이 자동으로 열립니다. [파일 열기]를 클릭해도 됩니다.

[OpenFile1] 프로시저는 다음과 같이 간단히 [OpenFile2] 프로시저로 수정해도 됩니다.

```
Sub OpenFile2()

    Workbooks.Open "C:\Temp\매출집계.xlsx"

End Sub
```

[OpenFile2] 프로시저는 **Open** 메서드의 **Filename** 인수명을 생략한 채 파일 경로와 파일명을 바로 입력했습니다. 실제로 코드를 작성할 때 이와 같이 간결한 형태를 주로 사용합니다. 코딩도 편하고 가독성도 높기 때문입니다.

또한 프로시저를 실행하려는 xlsm 파일과 동일한 경로(폴더)에 있는 엑셀 파일을 열어야 할 때는 **ThisWorkbook.Path**를 활용하면 됩니다. 이 VBA 코드는 현재 실행하려는 프로시저가 저장된 엑셀 매크로 파일과 동일한 경로(폴더)임을 의미합니다. 다음 [OpenFile3] 프로시저는 현재 파일과 동일한 폴더에 있는 '매출집계.xlsx' 파일을 여는 프로시저입니다.

```
Sub OpenFile3()

    Workbooks.Open ThisWorkbook.Path & "\매출집계.xlsx"

End Sub
```

만일 [OpenFile3] 프로시저가 들어 있는 xlsm 파일이 'C:\MyDocument\Excel'에 있다면 'C:\MyDocument\Excel\매출집계.xlsx' 파일을 열게 됩니다. 즉 VBA 코드를 실행할 xlsm 파일이 있는 곳과 동일한 경로(폴더)에 있는 '매출집계.xlsx' 파일을 여는 것입니다.

VBA를 이용해 새 엑셀 파일 만들고 저장하기

VBA를 사용하여 새 엑셀 파일을 만들고 저장할 수 있습니다. 다음 [MakeFile1] 프로시저는 새 엑셀 파일을 만들고, 새 파일의 [Sheet1] 시트의 [A1] 셀에 숫자 **1**을 입력한 후, 'C:\Temp' 폴더에 '신규파일.xlsx'란 파일로 저장하는 프로시저입니다.

```
Sub MakeFile1()

    Workbooks.Add

    ActiveWorkbook.Worksheets("Sheet1").Range("A1").Value = 1
    ActiveWorkbook.SaveAs "C:\Temp\신규파일.xlsx"
    ActiveWorkbook.Close

End Sub
```

VBA를 사용하여 새 엑셀 파일을 만들 때는 **Workbooks.Add** 구문을 사용합니다. **ActiveWorkbook**은 방금 만든 새 엑셀 파일을 의미합니다.

ActiveWorkbook.Worksheets("Sheet1").Range("A1").Value=1은 새 파일의 [Sheet1] 시트, [A1] 셀에 1을 입력하라는 의미이며, **ActiveWorkbook.SaveAs "C:\Temp\신규파일.xlsx"**는 새 파일을 'C:\Temp' 폴더 내에 '신규파일.xlsx' 파일로 저장하라는 의미입니다. 그리고 **ActiveWorkbook.Close**는 현재 파일을 닫는 구문입니다.

[MakeFile1] 프로시저를 실행하면 'C:\Temp' 폴더 안에 '신규파일.xlsx'가 생성되어 있는 것을 확인할 수 있습니다. VBA를 사용해 폴더를 만들 수는 없으니 [MakeFile1] 프로시저 실행 전에 C 드라이브에 'Temp'라는 폴더를 미리 만들어야 합니다.

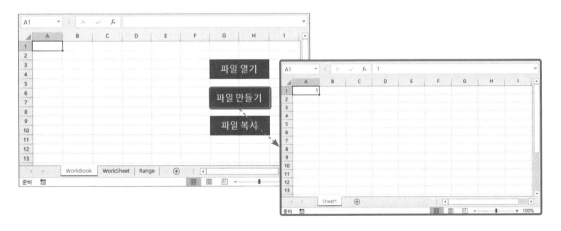

완성 파일의 [MakeFile1] 프로시저를 실행하면 위 그림처럼 '신규파일.xlsx' 파일이 'C:\Temp' 폴더에 자동으로 생성되고, [Sheet1] 시트의 [A1] 셀에 1이 입력된 것을 확인할 수 있습니다.

[MakeFile1] 프로시저에는 **ActiveWorkbook** 개체를 세 번이나 중복 사용했습니다. 이때 CHAPTER 04에서 배운 **With~End With** 구문을 활용하여 다음과 같이 [MakeFile2] 프로시저로 간략히 구현할 수도 있습니다.

```
Sub MakeFile2()

    Workbooks.Add

  With ActiveWorkbook
        .Worksheets("Sheet1").Range("A1").Value = 1
        .SaveAs "C:\Temp\신규파일.xlsx"
        .Close
    End With

End Sub
```

TIP With~End With 구문의 사용 방법은 CHAPTER 04의 p.091을 참고합니다.

ActiveWorkbook 개체가 여러 번 언급되는 것을 **With~End With** 구문으로 보다 간단히 구현한 것입니다. 실무에서는 일반적으로 [MakeFile2] 프로시저와 같이 코딩하는 경우가 많습니다.

VBA를 이용해 엑셀 파일 복사하기

특정 엑셀 파일을 열고 해당 파일의 셀 범위를 복사하여 현재 파일의 특정 시트에 붙여 넣는 형태의 작업 역시 VBA 프로시저로 구현해 자동화할 수 있습니다.

다음 [CopyFile1] 프로시저는 완성 파일과 동일한 경로에 있는 '매출집계.xlsx' 파일을 열고 해당 파일의 [1월] 시트에 입력된 [B2:F5] 셀 범위 데이터를 복사한 후, 완성 파일 [Workbook] 시트의 [A1] 셀에 붙여 넣은 뒤 '매출집계.xlsx' 파일을 닫는 프로시저입니다.

```
Sub CopyFile1()

    Workbooks.Open ThisWorkbook.Path & "\매출집계.xlsx"
    Workbooks("매출집계.xlsx").Worksheets("1월").Range("B2:F5").Copy

    Workbooks("01_엑셀 개체_완성.xlsm").Worksheets("Workbook").Activate
    ActiveSheet.Range("A1").Select
    ActiveSheet.Paste

    Workbooks("매출집계.xlsx").Close

End Sub
```

앞 VBA 코드에서 **ThisWorkbook.Path**는 현재 실행 파일이 있는 폴더를 의미합니다. 그리고 특정 셀 범위를 복사해서 붙여 넣을 때는 **셀 범위.Copy → 붙여 넣을 시트.Activate → 붙여 넣을 셀.Select →** **ActiveSheet.Paste**와 같은 형태로 코드를 작성합니다. 코드 맨 마지막의 **Workbooks("매출집계.xlsx").** **Close** 구문은 '매출집계.xlsx' 파일을 닫으라는 의미입니다. [CopyFile1] 프로시저 실행 결과는 다음과 같습니다.

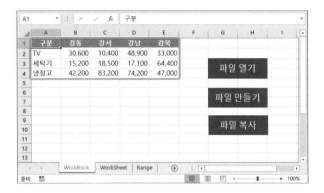

앞의 [CopyFile1] 프로시저는 다음과 같이 [CopyFile2] 프로시저로 작성해도 됩니다.

```
Sub CopyFile2()

    Workbooks.Open ThisWorkbook.Path & "\매출집계.xlsx"
    ActiveWorkbook.Worksheets("1월").Range("B2:F5").Copy

    ThisWorkbook.Worksheets("Workbook").Activate
    ActiveSheet.Range("A1").Select
    ActiveSheet.Paste

    Workbooks("매출집계.xlsx").Close

End Sub
```

'매출집계.xlsx' 파일을 열고 해당 파일을 바로 언급할 때는 **Workbooks("매출집계.xlsx")** 대신 간단히 **ActiveWorkbook**으로 작성해도 됩니다. 현재 활성화되어 있는 파일이라는 의미입니다. 그리고 VBA 코드가 들어 있는 완성 파일은 **Workbooks("01_엑셀 개체_완성.xlsm")** 대신 간단히 **ThisWorkbook**으로 작성해도 됩니다.

Worksheet 개체

완성 파일 CHAPTER 06\01_엑셀 개체_완성.xlsm [WorkSheet] 시트

VBA를 이용해 Worksheet 개체 호출하기

Worksheet 개체란 엑셀 시트를 의미합니다. 엑셀에서 새 파일을 추가했을 때 VBA로 첫 번째 시트인 [Sheet1] 시트를 언급하는 방법은 다음과 같습니다.

```
ActiveWorkbook.Worksheets("Sheet1")
ActiveWorkbook.Sheets("Sheet1")
ActiveWorkbook.Worksheets(1)
ActiveWorkbook.Sheets(1)
```

ActvieWorkbook은 현재 '활성화된 엑셀 파일'을 의미합니다. 가장 일반적으로 **Worksheets("Sheet1")**와 같이 직접 시트명을 언급하는 방법이 있고, **Worksheets** 개체 대신 **Sheets** 개체를 사용하여 **Sheets("Sheet1")**와 같이 언급하는 방법도 있습니다.

보통 [Sheet1]이 첫 번째 시트이므로 **ActiveWorkbook.Worksheets(1)**와 같이 언급해도 됩니다. 여기서 **1**은 워크시트의 인덱스(색인) 번호를 뜻합니다. 인덱스 번호는 엑셀 파일에서 시트가 만들어지는 순서로 부여되는 고유 번호입니다. 고유 번호는 VB 편집기의 [프로젝트 탐색기] 창에서 확인할 수 있습니다. **Sheets** 개체는 **Worksheet** 개체와 차트 시트인 **Chart** 개체를 포괄하는 개념입니다. 위 코드에서 맨 마지막 줄인 **ActiveWorkbook.Sheets(1)**는 첫 번째 시트를 언급합니다. 따라서 첫 번째 시트가 차트 시트일 경우에는 해당 차트 시트를 언급하는 것입니다.

만일 [Sheet1]이란 이름의 시트를 [Sheet2]란 이름의 시트 뒤로 옮길 경우 다음과 같이 VBA 코드를 작성할 수 있습니다.

```
Worksheets("Sheet1").Move After:=Worksheets("Sheet2")
```

For Each~Next 구문으로도 파일 내의 각 시트에 접근할 수 있습니다. 다음 [NamingEvery Sheet] 프로시저는 각 시트의 [A1] 셀에 시트의 이름을 입력하는 프로시저입니다.

```
Sub NamingEverySheet()

Dim wks As Worksheet

For Each wks In Worksheets
wks.Range("A1").Value = wks.Name
Next wks

End Sub
```

코드 1행의 **Dim wks As Worksheet** 구문은 **wks**라는 변수를 선언하는 구문입니다. 필요에 따라 생략해도 되지만 **wks**라는 변수가 **Worksheet**를 가리키는 변수임을 미리 선언해준 것입니다.

다음으로 **For Each~Next** 구문을 사용하여 현재 파일의 각 시트에 접근해 현재 파일의 [A1] 셀에 해당 시트의 이름을 입력합니다. 이 프로시저를 실행하면 해당 파일의 시트 개수만큼 순환문이 반복됩니다. 프로시저의 실행 결과는 다음과 같습니다.

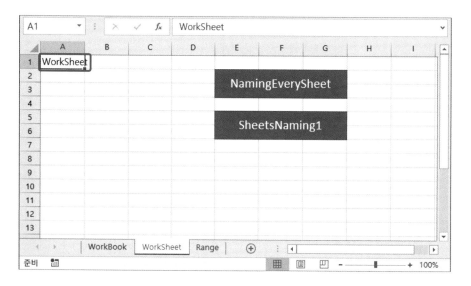

프로시저 실행 결과 [A1] 셀에 시트명이 자동으로 입력된 것을 확인할 수 있습니다. 다른 시트 또한 각 시트의 [A1] 셀에 시트명이 기록되어 있는 것을 확인할 수 있습니다.

VBA로 워크시트 일괄 작업하기

엑셀을 작성하다 보면 수식이 많거나, 다른 파일에 연결되어 계산이 느려지는 경우가 있습니다. 이 경우 각 시트에 있는 값을 복사해 값으로 다시 붙여 넣는 프로시저를 만들 수 있습니다. 다음 [DeleteAllFormula] 프로시저는 각 시트에 있는 수식을 모두 값으로 바꿔주는 프로시저입니다.

```
Sub DeleteAllFormula()

For Each wks In ActiveWorkbook.Worksheets

With wks.Cells
.Copy
.PasteSpecial xlValues
End With

Next wks

End Sub
```

'현재 파일의 각 시트'를 **For Each~Next** 구문으로 순환시키되, 각 파일의 전체 셀(wks.Cells)을 복사(Copy)한 후 값만 붙여 넣는(PasteSpecial xlValues) 것입니다.

다음은 특정 엑셀 파일의 각 시트명을 1월부터 12월까지로 지정하는 프로시저입니다.

```
Sub SheetsNaming1()

Workbooks.Add
Worksheets.Add Count:=12 - ActiveWorkbook.Worksheets.Count

For i = 1 To 12
Worksheets(i).Name = i & "월"
Next i

End Sub
```

Worksheets.Add는 시트를 하나 추가하라는 VBA 코드입니다. 시트를 추가하되 **12 – 현재 파일의 시트 개수(Count:=12 – ActiveWorkbook.Worksheets.Count)** 만큼 시트를 추가합니다. 만일 새 파일을 열었을 때 기본 시트 개수가 3개라면 9개가 더 추가되어 12개가 됩니다. 새 엑셀 파일의 기본 시트 개수 설정은 대부분 3개이므로 이와 같이 코드를 작성했습니다.

> **TIP** 새 엑셀 파일의 기본 시트 개수 설정은 [Excel 옵션] 대화상자의 [일반]에서 [새 통합문서의 시트 수] 혹은 [포함할 시트 수]에서 설정합니다. Excel 2019 버전에서는 1개로 설정된 경우도 있습니다.

그 다음은 For~Next 순환문으로 1부터 12까지 순환하면서 **각 시트명(Worksheets(i).Name)**을 **해당 월명(i & "월")**로 입력해줍니다.

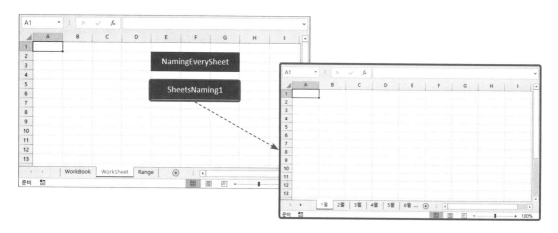

완성 파일에 작성된 [SheetsNaming1] 프로시저를 실행하면 위 그림처럼 새 통합문서가 생성되고, 생성된 통합문서의 시트명이 [1월]부터 [12월]까지 자동 입력되어 있는 것을 확인할 수 있습니다.

친절한 POINT NOTE · Worksheet 개체 알아보기

- Worksheet 개체는 엑셀의 시트를 의미합니다.

- VBA로 특정 시트를 언급할 경우 **Worksheet("시트명")**과 같이 언급하며, 현재 활성화된 시트는 ActiveSheet와 같이 언급합니다.

- 워크시트를 이동하려면 시트 개체 다음에 **Move** 메서드를 사용하고, 시트의 이름을 지정하려면 시트 개체 다음에 **Name** 속성을 사용합니다.

Range 개체와 관련된 VBA 속성

완성 파일 CHAPTER 06\01_엑셀 개체_완성.xlsm [Range] 시트

엑셀 작업 대부분은 특정 셀 또는 셀 범위를 선택하여 데이터를 입력하고 양식을 지정하는 것입니다. 따라서 VBA를 사용한 자동화 작업 역시 특정 셀 또는 셀 범위를 자주 다룹니다. 이러한 특정 셀 범위와 관련된 VBA 속성은 **Range, Cells, CurrentRegion, UsedRange, Offset, End, Resize** 등이 있습니다. 이들은 특정 셀 또는 셀 범위인 **Range** '개체(Object)'를 규정하는 VBA '속성(Property)'입니다.

Range 속성

셀 범위와 관련해 제일 많이 사용하는 속성은 **Range**입니다. 만일 현재 시트의 [B10] 셀 채우기 색을 빨간색으로 설정하려면 다음과 같이 코드를 작성합니다.

```
Sub FillRange1()

Range("B10").Interior.ColorIndex = 3

End Sub
```

생략된 현재 시트의 [B10] 셀 채우기 색상값을 '3'으로 지정하라는 의미입니다. **ColorIndex**의 속성값 3은 빨간색입니다. 위 프로시저를 실행하면 [B10] 셀의 색이 빨간색으로 지정됩니다.

TIP 여기서 **Range("B10")** 앞에는 **ActiveSheet** 개체가 생략되었습니다.

Range 속성은 특정 셀 범위를 언급할 때도 사용합니다. 예를 들어 [B10:F12] 셀 범위를 선택하는 VBA 코드는 다음과 같습니다.

```
Range("B10:F12").Select
```

위 코드를 실행하면 [B10:F12] 셀 범위가 선택됩니다. 인접한 셀 범위는 물론 다음 코드처럼 떨어져 있는 셀 범위를 한 번에 선택하는 것도 가능합니다.

```
Range("B10:C10,D12:E12").Select
Range("B10,D10,D12").Select
```

Range("B10:C10,D12:E12").Select 코드는 [B10:C10] 셀 범위와 [D12:E12] 셀 범위가 동시에 선택되고 **Range("B10,D10,D12").Select** 코드는 [B10], [D10], [D12] 셀이 동시에 선택됩니다.

Cells 속성

셀 범위를 언급할 때 자주 사용되는 속성으로 **Cells** 속성이 있습니다. Cells 속성은 **Cells(행 인덱스, 열 인덱스)**와 같은 식으로 사용합니다. 예를 들어 현재 시트의 8행, 4열에 위치한 셀의 채우기 색을 빨간색으로 지정하는 코드는 다음과 같습니다.

```
Sub FillRange2()

Cells(8, 4).Interior.ColorIndex = 3

End Sub
```

Cells(8, 4)는 8행, 4열에 위치한 셀을 의미하므로 [D8] 셀입니다. 위 코드에서 **Cells(8, 4)** 대신 **Range("D8")**이라고 해도 결과는 동일합니다. **Range** 속성은 특정 셀을 직접 언급할 때 사용하면 편리하고, **Cells** 속성은 순환문을 사용할 경우에 활용하면 편리합니다.

TIP Cells가 속성(Property)인지 개체(Object)인지 전문가들 사이에서도 이견이 있었습니다. 하지만 최근 VBA 도움말에는 Cells를 Range 개체를 반환하는 속성으로 규정되어 있습니다.

Cells 속성에 특별한 주소를 언급하지 않고 **ActiveSheet.Cells**와 같이 작성하면 현재 시트의 전체 셀을 언급하는 것입니다. 다음 코드는 현재 시트의 전체 셀을 선택하는 VBA 코드입니다.

```
ActiveSheet.Cells.Select
```

CurrentRegion과 UsedRange 속성

Range 관련 속성 중 **CurrentRegion**과 **UsedRange** 속성이 있습니다. 우선 **CurrentRegion**은 현재 셀이 포함된 표 영역 전체를 선택합니다. 다음 [CurrentR] 프로시저를 보겠습니다.

```
Sub CurrentR()

Range("A2").CurrentRegion.Select

End Sub
```

[CurrentR] 프로시저를 실행하면 [A2] 셀을 기준으로 데이터가 들어 있는 인접한 셀 전체가 선택됩니다. [CurrentR] 프로시저 실행 결과는 다음과 같습니다. 특정 셀을 선택하고 Ctrl + A 를 한 번 눌렀을 때 선택되는 표 범위와 동일합니다.

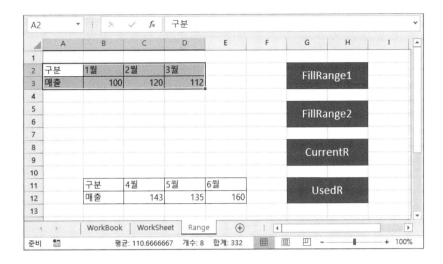

이 예제는 **Range("A2:D3").Select**로 표현해도 같은 결과를 얻을 수 있지만 표 범위가 유동적일 경우 **CurrentRegion** 속성을 활용하면 자동으로 범위를 인식해 편리합니다.

현재 시트에서 데이터가 들어 있는 셀 범위 모두를 선택하려면 **UsedRange** 속성을 활용합니다. 다음 [UsedR] 프로시저는 현재 시트에서 데이터가 들어 있는 셀 범위 모두를 선택합니다.

```
Sub UsedR()

ActiveSheet.UsedRange.Select

End Sub
```

[UsedR] 프로시저를 실행하면 현재 시트에서 데이터가 있는 셀 영역만 선택되어 다음과 같이 범위가 선택됩니다.

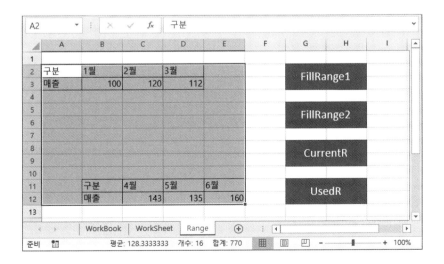

ActiveSheet.Cells.Select는 현재 시트의 모든 셀을 선택하는 것이고, **ActiveSheet.UsedRange.Select**는 현재 시트에서 데이터가 있는 모든 영역을 선택하는 것입니다. 특정 시트에서 순환문을 사용하여 각 셀에 접근해 어떤 값을 찾으려면 **UsedRange** 영역 내에서만 순환문을 실행하는 것이 훨씬 효율적입니다.

Offset 속성

Range 개체를 반환하는 속성에는 **Offset** 속성도 있습니다. 기준이 되는 특정 셀(주로 Range 개체) 뒤에 **Offset(a, b)**와 같은 형태로 사용하며 a는 기준이 되는 셀에서 행 방향으로, b는 열 방향으로 떨어져 있는 값을 나타냅니다.

간단한 예를 통해 설명하겠습니다. 다음 코드를 실행하면 [B7] 셀에서 아래로 2행, 오른쪽으로 3열 떨어진 곳에 있는 [E9] 셀이 선택됩니다.

```
Range("B7").Offset(2, 3).Select
```

다음 코드를 실행하면 [E5] 셀에서 아래로 2행, 왼쪽으로 1열 위치에 있는 [D7] 셀이 선택됩니다.

```
Range("E5").Offset(2, -1).Select
```

다음 코드를 실행하면 [A1:D2] 셀 범위를 아래로 1행씩, 오른쪽으로 2열씩 옮긴 [C2:F3] 셀 범위가 선택됩니다.

```
Range("A1:D2").Offset(1, 2).Select
```

이처럼 Offset 속성은 현재 셀 또는 범위에서 상하 또는 좌우로 몇 칸씩 이동한 범위를 언급할 때 사용하며, 특정 범위에 대해 한 셀씩 접근해서 작업을 할 경우에 순환문과 함께 사용하게 됩니다.

End 속성

Range 관련 VBA 속성 중에는 **End** 속성도 있습니다. 엑셀에서 특정 셀을 선택하고 Ctrl + Shift + → 나 Ctrl + Shift + ↓ 를 누르면 데이터 범위(표 범위)에서 가장 마지막 데이터가 있는 셀 범위까지 선택됩니다. 다음 그림처럼 [A3]이 선택된 상태에서 Ctrl + Shift + → 를 동시에 누르면 표 단락의 끝까지 선택됩니다.

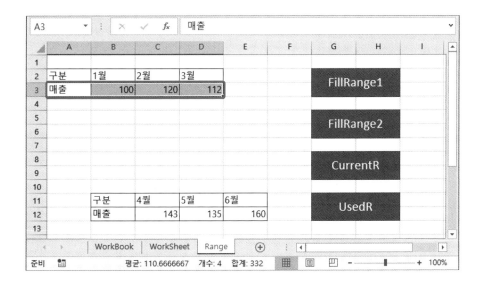

VBA에서는 이런 범위 선택 기능을 **End** 속성을 이용해 다음과 같이 표현할 수 있습니다.

```
Range(ActiveCell, ActiveCell.End(xlToRight)).Select
```

이 경우 **ActiveCell.End(xlToRight)**는 현재 선택된 셀을 기준으로 데이터가 있는 맨 오른쪽 셀까지 선택하는 것을 의미합니다. 만일 [A2] 셀을 기준으로 [A2] 셀부터 데이터가 있는 가장 아래쪽 셀까지 범위를 지정하려면 다음과 같이 코드를 작성합니다.

```
With ActiveSheet
.Range(.Range("A2"), .Range("A2").End(xlToRight).End(xlDown)).Select
End With
```

이처럼 **End** 속성은 특정 셀을 기준으로 데이터가 있는 영역의 끝에 있는 셀을 언급할 때 사용합니다. 만일 End 속성을 활용하여 가장 위쪽 셀 또는 가장 왼쪽 셀을 언급하려면 각각 **End(xlUp), End(xlToLeft)**를 사용하면 됩니다.

Resize 속성

Resize 속성은 지정한 범위의 크기를 재조정할 때 사용합니다. 다음 코드를 실행하면 [C10:F15] 셀 범위 중 [C10] 셀을 기준으로 2행, 3열에 해당하는 [C10:E11]의 범위가 선택됩니다.

```
Range("C10:F15").Resize(2, 3).Select
```

그리고 다음과 같이 Resize에서 앞의 인수 **2**를 생략하고 뒤의 인수 **3**만 입력하면 행은 그대로, 열은 본래 범위에서 3열까지만 언급합니다. 즉 이 코드를 실행하면 [C10:E15] 범위가 선택됩니다.

```
Range("C10:F15").Resize(, 3).Select
```

Resize 속성은 머리글 행이 있는 테이블(표 범위)이 있을 때 머리글 행은 빼고 테이블을 선택할 경우 자주 사용합니다. 다음은 테이블에서 머리글 행을 빼고 나머지 부분을 선택하는 예제입니다.

```
Set MyTbl = ActiveCell.CurrentRegion
MyTbl.Offset(1, 0).Resize(MyTbl.Rows.Count - 1, MyTbl.Columns.Count).Select
```

TIP **Set** 문은 특정 개체를 변수로 지정할 때 사용합니다. 위 예제에서 **MyTbl**이란 변수에 **Range** 개체를 담은 것입니다.

위 코드는 현재 셀이 속한 **전체 테이블 범위(ActiveCell.CurrentRegion)**를 **MyTbl** 변수에 담고, **MyTbl** 영역에서 **1행 아래쪽 영역(Offset(1, 0))**을 선택하되, **Resize** 속성을 사용하여 **MyTbl** 영역의 행의 개수−1, 열의 개수만큼 영역을 재조정합니다. 즉 Offset(1, 0)으로 머리글을 제외하고 한 줄 아래로 밀려난 영역을 선택하되, **Resize** 속성을 이용하여 맨 아래 공백 줄을 제외한 영역으로 선택 영역을 재조정한 것입니다.

친절한 POINT NOTE Range 개체 관련 VBA 속성 정리

- VBA에서 특정 셀 또는 셀 범위를 언급할 경우에는 Range 개체를 사용합니다.

- Range 개체를 반환하는 VBA 속성에는 Range, Cell, CurrentRegion, UsedRange, Offset, Resize 등이 있습니다.

Workbook 개체와 관련된 프로시저 만들기

VBA를 이용해 특정 폴더에 있는 특정 파일 형식의 목록을 추출할 수 있습니다. 이 방법은 특정 폴더 내의 엑셀 파일을 하나씩 열어 첫 번째 시트에 있는 값을 일괄적으로 취합하는 작업을 자동화할 때 응용하면 편리합니다.

STEP 01 │ 파일 목록 추출하고 출력하기

예제 파일 CHAPTER 06\02_ExtractFiles.xlsm
완성 파일 CHAPTER 06\02_ExtractFiles_완성.xlsm

VBA에서 폴더 및 파일과 관련된 몇 가지 함수를 활용하면 특정 폴더의 파일 목록을 추출할 수 있습니다. 다음 [ExtractFiles] 프로시저는 'C:\Windows' 폴더 내의 확장자가 'exe'인 파일 리스트를 추출하고 파일 크기, 파일 접근 날짜와 시간 등을 추출하는 프로시저입니다.

```
Sub ExtractFiles()

    Dim MyDir As String, MyFile As String
    Dim i As Integer

    MyDir = "C:\Windows\"
    MyFile = Dir(MyDir & "*.exe")

        i = 1
    Do While MyFile <> ""
        With ActiveSheet.Range("A1")
            .Offset(i, 0) = MyFile
            .Offset(i, 1) = FileLen(MyDir & MyFile)
            .Offset(i, 2) = FileDateTime(MyDir & MyFile)
        End With

        MyFile = Dir
```

```
        i = i + 1
    Loop


    With Range("A1")
        .Offset(0, 0).Value = "파일이름"
        .Offset(0, 1).Value = "크기"
        .Offset(0, 2).Value = "날짜/시간"
        .CurrentRegion.AutoFormat
    End With


End Sub
```

코드 구조는 다음과 같습니다. 먼저 **MyDir**, **MyFile** 변수를 **문자열 형태(String)**로 선언하고, **i** 변수를 **정수 형태(Integer)**로 선언합니다. 그 다음 **MyDir** 변수에는 **C:\Windows** 문자열을 담고, **MyFile** 변수에는 VBA 함수 **Dir**를 이용하여 'C:\Windows' 폴더에 확장자가 'exe'인 파일을 담아줍니다. **Dir** 함수는 지정한 옵션과 일치하는 파일 또는 폴더명을 반환해주는 VBA 함수입니다.

다음으로 **i** 변수에 숫자 **1**을 담아준 후 **Do~Loop** 구문을 활용해 계속 순환시키되, [A1] 셀을 기준으로 파일명(MyFile), 파일 크기(FileLen), 파일이 기록된 날짜 및 시간(FileDateTime) 등을 기록합니다. **Offset** 속성과 특정 변수의 숫자를 순환문으로 반복하면서 늘려가도록 작성하면(i = i + 1) [A2], [B2], [C2]…… 셀에 순차적으로 기록할 수 있습니다. 이 작업을 **MyFile** 변수에 값이 있을 동안(셀이 공백이 아닌 동안) 반복해 실행합니다.

FileLen은 파일 용량을 바이트 단위로 표시해주는 VBA 함수이고, **FileDataTime**은 파일이 생성되거나 마지막으로 수정된 날짜와 시간을 나타내주는 VBA 함수입니다. 그 다음 **With~End With** 구문을 활용하여 [A1] 셀 기준으로 [B1], [C1] 셀에 각각 **파일이름**, **크기**, **날짜/시간**이라는 값을 입력해줍니다. 마지막으로 **CurrentRegion**으로 현재 값이 있는 셀 범위를 지정하고 **AutoFormat**을 이용해 해당 셀 범위의 너비를 자동으로 조정합니다.

이 프로시저를 실행하면 다음과 같이 'C:\Windows' 폴더에 있는 확장자가 'exe'인 '파일이름'이 출력됩니다. '크기'에는 파일의 용량이 바이트(Byte) 단위로 입력되고, '날짜/시간'에는 마지막으로 파일을 수정한 날짜와 시간이 표시됩니다.

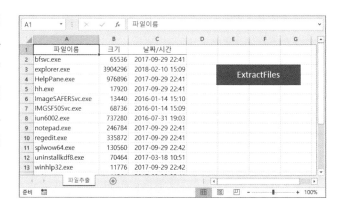

[ExtractFiles] 프로시저는 **Dir** 함수로 특정 폴더 내의 특정 형식 파일에 접근해서 파일 이름을 반환하고, **FileLen** 함수로 파일 크기를, **FileDateTime** 함수로 최근 업데이트한 날짜를 나열하는 프로시저입니다. 이 코드를 응용해 다음 부분만 수정하면 다른 폴더 및 파일 형식을 지정해줄 수도 있습니다.

```
MyDir = "C:\Windows\"
MyFile = Dir(MyDir & "*.exe")
```

예를 들어 C 드라이브의 'Temp' 폴더에 있는 파일 중 확장자가 'xls(엑셀 통합문서)'인 파일만 출력하려면 위 코드를 다음과 같이 수정합니다.

```
MyDir = "C:\Temp\"
MyFile = Dir(MyDir & "*.xls")
```

확장자뿐만 아니라 파일 이름에 와일드카드 문자를 지정해도 됩니다. 'C:\Windows'에 있는 파일 중 파일 이름이 a로 시작하는 모든 파일을 출력하려면 다음과 같이 수정합니다. 여기서는 와일드카드 문자 *을 사용했습니다.

```
MyDir = "C:\Windows\"
MyFile = Dir(MyDir & "a*.*")
```

TIP 와일드카드 문자는 텍스트를 검색할 때 일반 문자 대신 사용하는 특수 문자입니다. 정확한 텍스트를 모르거나, 특정 조건에 맞는 모든 문자를 검색할 때 사용합니다. 자세한 내용은 다음 웹페이지에서 확인합니다. https://bit.ly/36pe9OT

이와 같이 **Dir** 함수를 이용해 지정한 폴더와 형태의 파일들을 불러들일 수 있고, **FileLen, FileDateTime** 등의 VBA 함수로 파일의 크기와 마지막으로 변경된 시간 등도 표시할 수 있습니다.

이 방법을 응용해 특정 폴더에 들어 있는 엑셀 파일명들을 하나의 시트에 불러들이거나, 여러 엑셀 파일에 흩어져 있는 표들을 하나의 엑셀 파일로 취합하는 작업 등을 쉽게 할 수 있습니다.

여러 파일을 하나의 파일로 취합하기

예제 파일 CHAPTER 06 \ 03_MergeFiles.xlsm
완성 파일 CHAPTER 06 \ 03_MergeFiles_완성.xlsm

특정 폴더에 있는 여러 엑셀 파일을 하나의 시트에 취합하는 작업은 생각보다 자주 합니다. 이때 VBA를 활용하면 더욱 편리하게 작업할 수 있습니다. 예를 들어 '1월.xlsx, 2월.xlsx, 3월.xlsx'라는 세 개의 매출 파일이 있고, 이들 파일의 형식은 비슷한데 각 행의 개수가 다르게 구성되어 있다면 어떻게 처리할 수 있는지 알아보겠습니다.

	A	B	C
1	국가명	수량	매출
2	방글라데시	5	4063
3	튀니지아	12	13081
4	호주	51	272212
5	콜롬비아	4	1752
6	쿠웨이트	4	2496
7	파푸아뉴기	4	2567
8	중국	5	1983
9	리비아	6	30351
10	네팔	13	57352
11	인도	28	162065
12	스페인	7	67101
13	네덜란드	4	12715

다음 [MergeFiles] 프로시저와 유사한 방식을 활용하면 '1월.xlsx, 2월.xlsx, 3월.xlsx' 파일을 하나의 시트에 쉽게 취합할 수 있습니다.

```
Sub MergeFiles()

    Dim MyDir As String, MyFile As String
    Dim i As Integer

    MyDir = ThisWorkbook.Path & "\"
    MyFile = Dir(MyDir & "*월.xlsx")

    i = 1

    Do While MyFile <> ""
```

```
        Workbooks.Open Filename:=MyDir & MyFile
        ActiveWorkbook.ActiveSheet.Range("a1").CurrentRegion.Copy

        ThisWorkbook.Worksheets("파일취합").Activate
        ActiveSheet.Range("A65536").End(xlUp).Offset(1, 0).Select
        ActiveSheet.Paste

    Workbooks("" & MyFile & "").Activate
    Application.CutCopyMode = False
    Workbooks("" & MyFile & "").Close

        MyFile = Dir
        i = i + 1

        Loop

    End Sub
```

'1월.xlsx, 2월.xlsx, 3월.xlsx' 파일을 모두 예제 파일과 동일한 폴더에 넣고 실행하면 다음과 같이 [파일취합] 시트에 취합됩니다.

[MergeFiles] 프로시저의 코드를 알아보겠습니다. 앞에서 배운 [ExtractFiles] 프로시저를 응용한 것입니다. 다음 코드는 추출할 파일의 파일 형식과 폴더 위치를 지정해주는 부분입니다.

```
MyDir = ThisWorkbook.Path & "\"
MyFile = Dir(MyDir & "*월.xlsx")
```

ThisWorkbook.Path는 현재 예제 파일과 동일한 폴더를 말합니다. '1월.xlsx, 2월.xlsx, 3월.xlsx'라는 엑셀 파일이 예제 파일과 동일한 폴더에 있어서 **ThisWorkbook.Path**를 사용한 것입니다. 해당 파일의 경로와 폴더를 구분하는 기호 \를 합친 문자를 **MyDir** 변수에 담습니다. 그 다음 **Dir** 함수를 활용하여 해당 폴더 내의 파일 형식이 ***월.xlsx**인 파일들을 **MyFlie** 변수에 담습니다.

다음은 **Do~Loop** 순환문 구조를 활용해 여러 엑셀 파일에서 데이터를 추출하도록 코드를 순환시킵니다. 순환문 관련 핵심 문장의 구조는 다음과 같습니다.

```
i = 1

  Do While MyFile <> ""

  (각각의 파일에 있는 내용을 복사해서 붙여 넣는 작업 Do While 이하 처리구문 생략)

  MyFile = Dir
  i = i + 1

  Loop
```

맨 처음 **i** 변수에 숫자 1을 담고 각각 1씩 더해가면서(i = i + 1) 순환시키되, **MyFile** 값이 공백값이 아닌 한 **Do~Loop** 구문을 계속 순환시킵니다. 그리고 **Do~Loop** 구문 사이에는 각 파일의 내용을 복사해서 붙여 넣는 코드를 작성합니다. 해당 구문은 다음과 같이 구성되어 있습니다.

```
Workbooks.Open Filename:=MyDir & MyFile
ActiveWorkbook.ActiveSheet.Range("a1").CurrentRegion.Copy

ThisWorkbook.Worksheets("파일취합").Activate
ActiveSheet.Range("A65536").End(xlUp).Offset(1, 0).Select
ActiveSheet.Paste

Application.CutCopyMode = False
Workbooks("" & MyFile & "").Close
```

MyFlie로 추출한 각 파일(예제에서는 '1월.xlsx, 2월.xlsx, 3월.xlsx' 파일)을 **Workbooks.Open** 구문을 활용하여 열고, 연 파일(활성화)의 활성화된 시트(ActiveSheet, 예제에서는 각각 1월, 2월, 3월 시트)의 [A1] 셀을 기준으로 데이터가 있는 영역(CurrentRegion)을 복사(Copy)합니다.

그 다음 현재 VBA 코드가 있는 파일(ThisWorkbook)의 [파일취합] 시트를 활성화하고(Activate), 해당 시트의 **Range("A65536").End(xlUp).Offset(1, 0)** 영역을 선택(Select)한 후 앞에서 복사한 것을 붙여 넣기 (Paste)합니다. 이 구문은 가장 아래에 있는 [A65536] 셀을 기준으로 해당 시트의 A행에서 값이 들어 있 는 **마지막 행(End(xlUp))**의 **한 행 아래에 있는 셀(Offset(1, 0))**을 말합니다.

TIP 보통 특정 영역을 취합할 경우 시트의 맨 아래 셀부터 위로 올라오는 식으로 데이터 유무를 확인하여 데이터가 있는 마지막 셀 아래의 셀에 붙여 넣는 방법은 이와 같이 처리합니다. 참고로 한 시트의 A열 마지막 셀은 [A1048576] 셀이지만, 엑셀 2013 이하 버전이라면 65536 행이 마지막이므로 호환성을 위해 [A65536] 셀로 입력했습니다.

마지막으로 데이터를 추출한 엑셀 파일을 닫습니다. 보통 맨 마지막에 **Workbooks("" & MyFile & "").** **Close** 구문만 사용해도 됩니다. 하지만 이렇게 처리할 경우 추출한 각 파일에서 복사된 클립보드 데이터 때문에 파일을 닫으려고 할 때 다음과 같은 메시지가 계속 나타납니다.

기껏 작업을 자동화했는데 순환문을 처리할 때마다 각 파일을 닫기 전 이러한 메시지가 나타나 [예] 또는 [아니오]를 클릭해야 한다면 귀찮은 일이 됩니다. 이러한 메시지가 나타나지 않도록 하기 위해 다음 한 줄 의 코드를 추가해주었습니다.

```
Application.CutCopyMode = False
```

위 코드는 엑셀에서 특정 영역을 선택해 복사한 후, 복사할 영역을 해제하기 위해 Esc를 한 번 눌러준 것과 같은 효과입니다. 위 코드를 작성한 다음 추출한 엑셀 파일을 닫는 '**Workbooks("" & MyFile & "").** **Close**를 입력하면 됩니다.

Worksheet 개체와 관련된 프로시저 만들기

VBA를 이용하면 새 엑셀 파일을 만들고 다른 시트에 있는 자료를 더욱 쉽게 취합할 수 있습니다. 이번에는 VBA를 이용해 양식이 있는 새 파일을 만들고 다른 시트에 있는 자료를 한 번에 취합하는 프로시저를 만들어보겠습니다.

STEP 01 각 지사명이 시트명인 새 파일 만들기

예제 파일 CHAPTER 06\04_SheetsNaming.xlsm
완성 파일 CHAPTER 06\04_SheetsNaming_완성.xlsm

새 시트를 만드는 방법을 응용해 네 개 시트가 들어 있는 새 엑셀 파일을 만들고 각 시트의 이름을 '서울본사, 대전지사, 대구지사, 부산지사'라고 지정한 후 각 시트의 [A1] 셀에 '○○본사(지사) 매출 실적'이라고 입력되도록 VBA 코드를 작성해보겠습니다. 이를 구현한 [SheetsNaming2] 프로시저의 코드는 다음과 같습니다.

```
Sub SheetsNaming2()

    Dim i As Integer

    Workbooks.Add
    Worksheets.Add Count:=4 - ActiveWorkbook.Worksheets.Count

    MyIndex = Array("서울본사", "대전지사", "대구지사", "부산지사")

    For i = 1 To 4
        With Worksheets(i)
            .Name = MyIndex(i - 1)
            .Range("a1").Value = "□ " & MyIndex(i - 1) & " 매출 실적"
            .Range("a1").Font.Bold = True
        End With
```

```
    Next i

End Sub
```

이 프로시저를 실행하면 다음과 같이 **서울본사, 대전지사, 대구지사, 부산지사**라는 네 개의 시트명을 가진 새 파일이 생성됩니다.

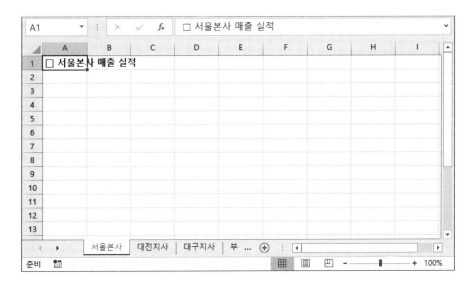

코드 구조는 다음과 같습니다. 먼저 i 변수를 **정수 형태(Integer)**로 선언하고, **Workbooks.Add** 구문을 사용해 새 파일을 만듭니다. 그리고 **Worksheets.Add** 구문을 사용해 워크시트를 추가하되 **Count** 인수로 '4-현재 시트의 개수'를 추가하여 전체 시트 개수를 네 개로 만듭니다.

TIP 새 파일을 만들었을 때 시트의 개수는 [옵션]-[일반] 메뉴의 [새 통합문서 만들기]-[포함할 시트 수]에서 지정할 수 있는데 일반적으로 한 개 또는 세 개 정도를 지정하므로 코드를 위와 같이 작성했습니다. 만일 기본 시트 수를 세 개 이상으로 지정해놓았다면 위 코드는 오류가 발생합니다. 따라서 본 코드를 실행할 때는 기본 시트 개수를 세 개 이하로 지정한 후 실행합니다.

다음은 각 시트명에 네 개의 지사명을 지정할 때 VBA 함수 **Array**를 이용하여 **MyArray** 변수에 담은 것입니다.

```
MyIndex = Array("서울본사", "대전지사", "대구지사", "부산지사")
```

위와 같이 선언하면 다음과 같이 일일이 변수들을 선언한 것과 동일한 결과를 얻을 수 있습니다.

```
MyIndex(0) = "서울본사"
MyIndex(1) = "대전지사"
MyIndex(2) = "대구지사"
MyIndex(3) = "부산지사"
```

지금처럼 지사명이 네 개일 때는 문제없지만, 지사명이 40개라면 이런 식으로 작성하기 힘듭니다. 이때 VBA 함수 **Array**를 활용하면 긴 리스트를 하나의 변수에 배열 형태로 담을 수 있습니다.

Array 함수를 사용하여 네 개의 값을 배열 변수인 **MyIndex**에 담으면, 해당 값들을 호출할 때는 **MyIndex(0)**부터 **MyIndex(3)**까지 각 변수에 담깁니다. 주의할 점은 '1부터 4까지가 아니라 0부터 3까지'라는 점입니다. 그래서 프로시저 코드에서도 i 값을 1부터 4까지 **For~Next** 구문으로 순환시킬 때 각 워크시트명은 **Worksheets(i)**와 같이 선언하고, 각 시트명 및 [A1] 셀에 해당 제목을 작성할 때는 **MyIndex(i−1)**과 같이 처리해준 것입니다.

STEP 02 여러 시트를 하나의 시트로 취합하기

예제 파일 CHAPTER 06\05_MergeSheets.xlsm
완성 파일 CHAPTER 06\05_MergeSheets_완성.xlsm

이번에는 여러 시트의 데이터를 하나의 시트에 통합하는 프로시저를 작성해보겠습니다. [1월]부터 [12월]까지 각 월별 시트가 있고, 각 시트에는 다음과 같이 국가별 매출 자료가 있습니다. 각 시트에는 다음과 같이 국가명, 수량, 매출이 표시되어 있고, 시트별 행의 개수는 다릅니다.

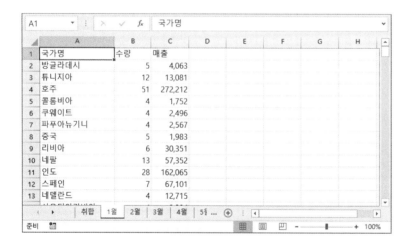

다음의 [MergeSheets] 프로시저는 [1월]부터 [12월]까지의 시트를 [취합] 시트에 한번에 취합하는 작업을 VBA로 구현한 것입니다.

```
Sub MergeSheets()

    Dim i As Integer
```

```
    For i = 2 To ThisWorkbook.Worksheets.Count
        Sheets(i).Range("a1").CurrentRegion.Copy
        Worksheets("취합").Range("A65536").End(xlUp).Offset(1, 0).PasteSpecial xlValues
    Next i

End Sub
```

이 프로시저를 실행하면 아래 그림처럼 [1월] 시트부터 [12월] 시트까지의 값이 [취합] 시트에 한 번에 복사되어 붙여 넣어집니다.

VBA 코드 구조는 다음과 같습니다. 먼저 i 변수를 **정수 형태(Integer)**로 선언하고, **For~Next** 순환문으로 i 값을 2부터 현재 파일의 전체 시트 개수(ThisWorkbook.Worksheets.Count, 예제 파일의 경우 13) 만큼 순환시킵니다.

[취합] 시트가 첫 번째 시트이므로 [1월]부터 [12월]까지의 시트는 각각 Sheets(2)부터 Sheets(13)이 됩니다. 아래 코드를 사용하여 각 시트의 [A1] 셀을 기준으로 데이터가 들어 있는 셀 범위 전체를 복사합니다.

```
    Sheets(i).Range("a1").CurrentRegion.Copy
```

그 다음 [취합] 시트의 A열 마지막 셀인 [A65536] 셀을 기준으로 데이터가 있는 **마지막 셀(End(xlup))의 한 행 아래에 있는 셀(Offset(1, 0))**에 값만 선택하여 붙여 넣기(PasteSpecial xlValues)합니다.

```
    Worksheets("취합").Range("A65536").End(xlUp).Offset(1, 0).PasteSpecial xlValues
```

본격
실습

Range 개체와 관련된 프로시저 만들기

Range 개체를 활용하면 워크시트의 특정 셀을 지정해 VBA 코드로 자동화하는 작업을 만들 수 있습니다. 이번에는 특정 범위의 값을 모두 더한 후 합계를 메시지로 보여주는 프로시저를 만들어보겠습니다.

STEP 01 특정 셀 범위의 합계 계산하기

예제 파일 CHAPTER 06\06_SumRange.xlsm
완성 파일 CHAPTER 06\06_SumRange_완성.xlsm

다음 [SumRange1] 프로시저는 [1월]부터 [12월]까지 매출 데이터가 들어 있는 [C2:C13] 셀 범위 값의 합계를 메시지로 보여주는 프로시저입니다.

```
Sub SumRange1()

  With ActiveSheet
    MsgBox "매출합계는 " & WorksheetFunction.Sum(.Range(.Range("C2"), .Range("C13"))) &
"입니다."
  End With

End Sub
```

코드는 현재 시트의 [C2:C13] 셀 범위 합계를 엑셀 함수 **Sum**을 활용하여 계산한 후, 결괏값을 '매출합계는 ○○입니다.'라는 메시지로 보여주도록 구성되어 있습니다. **Sum** 함수는 엑셀 워크시트 함수이므로 반드시 **WorksheetFunction.엑셀함수명**과 같은 형태로 작성합니다.

위 [SumRange1] 프로시저를 실행하면 다음과 같이 [C2:C13] 셀 범위의 합계가 메시지로 표시됩니다.

그런데 [SumRange1] 프로시저는 '매출합계는 7369입니다.'와 같이 숫자 부분이 '1,000단위 구분 기호가 없는 숫자 형식'으로 표시됩니다. 이를 콤마가 있는 숫자 형식으로 표시하려면 코드를 다음 [SumRange2] 프로시저와 같이 수정하면 됩니다.

```
Sub SumRange2()

    MySum = WorksheetFunction.Sum(Range(Range("C2"), Range("C13")))
    MsgBox "매출합계는 " & Format(MySum, "#,##0") & "입니다"

End Sub
```

[C2:C13] 셀 범위의 합계를 워크시트 함수인 Sum 함수(WorksheetFunction.Sum)로 계산한 후 결괏 값을 **MySum** 변수에 담아줍니다. 여기서 [C2:C13] 셀 범위 지정에 **Range**를 사용했는데, Range 앞에는 일일이 **ActiveSheet** 개체명을 붙여주지 않아도 됩니다. 해당 코드는 현재 활성화된 시트에서 실행되므로 생략한 것입 니다.

그 다음 메시지로 결괏값을 보여주되, VBA 함수인 Format 함수를 사용하여 숫자 서식을 **콤마가 있는 숫자(#,##0)** 형태로 지정해줍니다. **Format** 함수는 VBA 함수이므로 앞에 WorksheetFunction을 붙이지 않았습니다.

[SumRange2] 프로시저를 실행하면 다음과 같이 [C2:C13] 셀 범위의 합계가 메시지로 표시되며 이때 합계는 콤마가 있는 숫자 형식으로 표시됩니다.

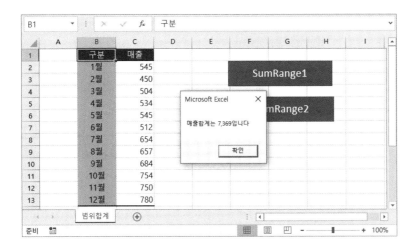

20보다 작은 셀에만 노란색 칠하기

예제 파일 CHAPTER 06\07_ConditionalColor.xlsm
완성 파일 CHAPTER 06\07_ConditionalColor_완성.xlsm

일련의 숫자 데이터들 중 20보다 작은 값에만 노란색으로 칠하는 작업을 VBA를 이용해 구현해보겠습니다. 엑셀의 [조건부 서식] 기능을 사용할 수도 있지만, 노란색 강조를 제거하는 코드 및 다양한 조건을 반영하여 활용한다면 더욱 편리합니다. 다음 [ConditionalColor] 프로시저는 [B2:B12] 셀 범위의 숫자가 20보다 작을 경우 셀 내부 색상을 노란색으로 칠하는 프로시저입니다.

```
Sub ConditionalColor()

    Range("B2").Select

    Do
        If ActiveCell.Value < 20 Then
            ActiveCell.Interior.ColorIndex = 6
        Else
            ActiveCell.Interior.ColorIndex = 0
        End If

    ActiveCell.Offset(1, 0).Activate
    Loop Until IsEmpty(ActiveCell)

End Sub
```

코드 구조는 다음과 같습니다. 먼저 첫 번째 셀인 [B2] 셀을 선택(Select)합니다. [B2] 셀에서 시작하여 **Do~Loop** 구문을 사용해 **한 셀씩 아래로(ActiveCell.Offset(1, 0))** 내려가면서 순환시키되 **현재 셀이 공백 셀이 될 때까지(Until IsEmpty(ActiveCell))** Do~Loop 사이의 구문을 반복합니다. Do~Loop 사이의 구문은 **If** 구문으로 되어 있습니다.

```
If ActiveCell.Value < 20 Then
        ActiveCell.Interior.ColorIndex = 6
    Else
        ActiveCell.Interior.ColorIndex = 0
    End If
```

만일 **현재 셀의 값(ActiveCell.Value)**이 20보다 작다면 **현재 셀의 내부 색상 값(ActiveCell.Interior.ColorIndex)**을 **노란색(6)**으로 적용하고, 아닌 경우(20 이상일 경우)에는 내부 색상값을 **흰색(0)**으로 적용하라는 의미입니다. 이 프로시저를 실행하면 다음과 같이 셀 값이 20보다 작은 경우에만 노란색으로 표시됩니다.

프로시저를 실행하면 **Offset** 속성을 이용해 [B2] 셀부터 한 셀씩 아래쪽으로 내려가면서 20보다 작을 경우에만 노란색으로 칠하게 되고, 해당 셀이 빈셀이 되는 [B13] 셀에서 순환문이 끝납니다. 만일 데이터가 [B12] 셀이 아니라 [B20] 셀까지 있다면 해당 코드는 [B21] 셀에서 끝납니다.

STEP 03 특정 국가명 자료만 추출하기

예제 파일 CHAPTER 06\08_ReadData.xlsm
완성 파일 CHAPTER 06\08_ReadData_완성.xlsm

국가별 월별 매출 자료에서 특정 국가명을 메시지 상자에 입력하면 해당 국가의 1월~6월까지 실적 자료를 특정 위치에 읽어오는 프로시저를 만들어보겠습니다. 예제 파일을 열면 다음과 같이 국가별 1월~6월 매출 자료가 [B14:H26] 셀 범위에 입력되어 있습니다.

구분	1월	2월	3월	4월	5월	6월

구분	1월	2월	3월	4월	5월	6월
미국	475	548	343	430	442	500
일본	590	547	694	56	656	593
중국	392	78	380	357	380	268
호주	266	455	53	521	38	469
홍콩	623	597	127	99	621	614
캐나다	411	591	357	698	497	696
벨기에	388	538	161	556	124	668
독일	172	614	656	187	484	433
영국	621	243	409	306	238	406
프랑스	394	690	150	471	423	587
네덜란드	255	250	3	396	556	143
스위스	266	314	188	536	339	503
스웨덴	677	112	46	227	387	398

다음의 [ReadData] 프로시저를 실행하면 InputBox에서 국가명을 입력받아 해당 국가명의 월별 매출 실적 데이터를 [B8:H8] 셀 범위에 출력합니다. [ReadData] 프로시저의 코드는 다음과 같습니다.

```
Sub ReadData()

    Dim MyRng As Range
    Dim CountryName As String

    CountryName = InputBox("국가명을 입력해 주세요. 예) 미국, 일본 등", "krazy", "")
    Set MyRng = ActiveSheet.Range("B14:H26").Find(What:=CountryName, Lookat:=xlWhole,
LookIn:=xlValues)

    MyRng.Resize(1, 7).Copy Destination:=ActiveSheet.Range("B8")

End Sub
```

코드 구조는 다음과 같습니다. 먼저 **MyRng** 변수를 **범위 형태(Range)**로 지정하고, **CountryName** 변수를 **문자열 형식(String)**으로 지정합니다.

InputBox를 활용해 국가명을 입력받아 **CountryName** 변수에 담아줍니다. VBA 함수 **Find**를 사용하여 [B14:H26] 셀 범위에서 **CountryName** 값에 해당하는 값을 찾고, 해당 셀을 **MyRng** 변수에 담아줍니다. **MyRng**는 특정 셀을 가리키는 Range 형식의 변수이므로 해당 변숫값을 담을 때는 **Set** 문을 사용합니다.

그 다음 **MyRng** 셀을 기준을 **Resize** 속성을 이용하여 해당 셀부터 **오른쪽으로 7번째까지의 범위(Resize(1, 7))**에 해당하는 영역을 복사하여(Copy), [B8] 셀에 붙여 넣습니다. [ReadData] 프로시저의 실행 결과는 다음과 같습니다. 프로시저를 실행하면 국가명을 입력하라는 InputBox가 나타나는데 아래는 **일본**을 입력했을 때의 결과입니다.

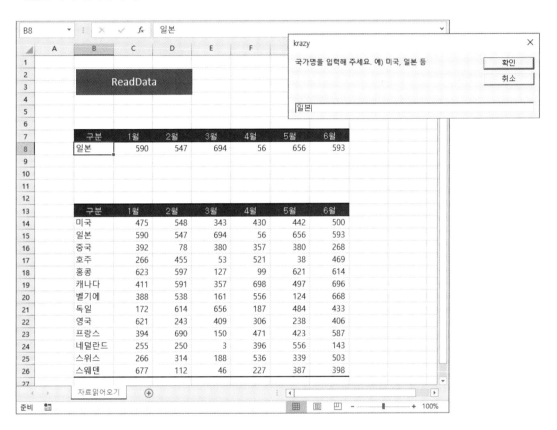

만일 InputBox에 없는 국가명을 입력하거나, 아무것도 입력하지 않으면 다음과 같이 오류 메시지가 표시됩니다.

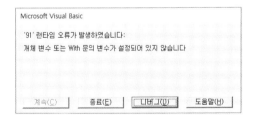

이런 오류를 방지하기 위해 코드 자체에서 오류 발생에 대한 처리를 하기도 합니다. 다음 [ReadData2] 프로시저는 오류에 대한 처리를 반영한 프로시저입니다.

```
Sub ReadData2()

    Dim MyRng As Range
    Dim CountryName As String

MM: CountryName = InputBox("국가명을 입력해 주세요. 예) 미국, 일본 등", "krazy", "")
    Set MyRng = ActiveSheet.Range("B14:H26").Find(What:=CountryName, Lookat:=xlWhole, _

        LookIn:=xlValues)

    If MyRng Is Nothing Then
        MsgBox "국가명을 잘못 입력하셨습니다. 아래 테이블에 있는 국가를 입력해 주세요."
        GoTo MM
    Else
        MyRng.Resize(1, 7).Copy Destination:=ActiveSheet.Range("B8")
    End If

End Sub
```

[ReadData2] 프로시저는 [ReadData] 프로시저에서 **If** 문을 하나 추가해 **MyRng**라는 정확한 국가명을 범위 내에서 못 찾은 경우 '국가명을 잘못 입력하셨습니다. 아래 테이블에 있는 국가를 입력해 주세요.' 라는 메시지를 표시하고, **GoTo** 문을 사용하여 'MM'이 맨 앞에 표시되어 있는 행으로 돌아가도록 처리 (GoTo MM)해준 것입니다. 그리고 상기 코드 3행에 있는 국가명을 묻는 코드 바로 앞에 다음과 같이 **MM** 이라고 추가해주었습니다.

```
MM: CountryName = InputBox("국가명을 입력해 주세요. 예) 미국, 일본 등", "krazy", "")
```

MM은 임의로 지정한 문자입니다. **KK, AAA** 등 어떤 것이든 상관없습니다. 아래 If 문 내에서 **GoTo MM** 으로 작성했기 때문에 **MM**이라고 지정한 것이고, **GoTo AAA**라고 했다면 구문 맨 앞에 **AAA**라고 지정해 주면 됩니다.

[ReadData2] 프로시저를 실행하면 해당 국가명을 잘못 입력했거나 국가명에 아무것도 입력하지 않았을 때 다음과 같은 메시지가 표시되고, 국가명을 묻는 InputBox가 다시 나타납니다.

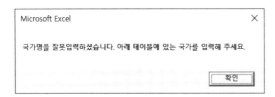

01 'C:\Windows' 폴더 아래에 있는 파일들 중 확장자가 'dll'인 파일의 파일명을 추출하여 [A2] 셀부터 아래로 표시되도록 하는 [파일추출] 프로시저를 작성합니다.

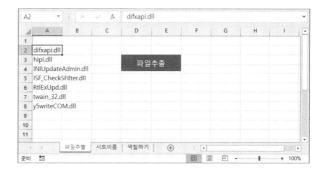

02 [강동], [강서], [강남], [강북]이라는 시트명을 가진 네 개의 시트가 포함된 새 엑셀 파일을 만드는 [시트이름] 프로시저를 작성합니다.

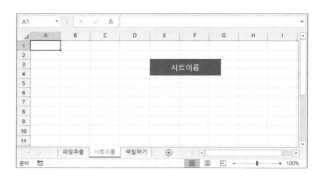

03 다음 숫자들 중 50 이상의 값이 있는 셀에만 노란색으로 칠하는 [색칠하기] 프로시저를 작성합니다.

CHAPTER

07

VBA를 활용해 엑셀
고급 기능 구현하기

시작 하기 VBA를 활용한 실전 응용 기법들

이번 CHAPTER에서는 엑셀 실무에서 자주 사용하는 필터, 차트, 피벗 테이블 등의 기능을 VBA로 자동화하는 방법에 대해 알아보겠습니다.

엑셀의 필터 기능은 데이터 표에서 특정 기준값을 지정하거나 기준값 이하, 이상의 데이터만 추출하는 기능으로, 매우 자주 사용합니다. VBA를 활용하여 특정 날짜 또는 품목을 지정하면 일일이 필터 항목을 설정할 필요 없이 해당 값만 빠르게 추출하는 작업을 자동화할 수 있습니다.

엑셀의 차트 기능은 데이터를 시각화하는 매우 유용한 기능입니다. 엑셀에서는 100여 개가 넘는 차트 양식과 유형을 제공합니다. 제공하는 양식이 많은 만큼 차트와 관련된 VBA 개체 또는 속성 구조 역시 매우 복잡합니다. 차트에 관한 모든 VBA 기능을 익히기보다는 몇몇 실용적 예제를 중심으로 사용 방법을 알아보겠습니다.

엑셀에서는 데이터 표를 데이터베이스로 활용하는 기능 또한 제공합니다. 대표적인 것이 피벗 테이블입니다. 피벗의 사전적 의미는 회전하는 물건의 '중심축'을 말하는데, 피벗 테이블이란 여러 데이터 중에서 중심이 되는 항목을 중심으로 데이터를 재배열한 표를 의미합니다. 피벗 테이블의 요소에는 행 필드, 열 필드, 데이터 필드, 페이지 필드 등이 있는데 이를 각각 VBA를 통해 지정할 수 있습니다.

이번 CHAPTER에서는 이와 같이 엑셀 실무에서 자주 사용하는 필터, 차트, 피벗 테이블 기능을 VBA로 구현하는 방법에 대해 알아보겠습니다.

원리 이해 | 필터, 차트, 피벗 테이블을 VBA로 구현하기

VBA로 필터 기능 구현하기

예제 파일 CHAPTER 07 \ 01_엑셀 고급 기법.xlsm [필터] 시트
완성 파일 CHAPTER 07 \ 01_엑셀 고급 기법_완성.xlsm [필터] 시트

다음과 같은 일별, 지역별, 품목별 매출 자료에서 필터 기능을 활용하면 특정 품목 등에 대한 자료만 추출할 수 있습니다. 이러한 데이터베이스형 자료에서 필터 기능으로 품목이 냉장고인 데이터만 추출하는 작업을 매크로로 기록해보겠습니다.

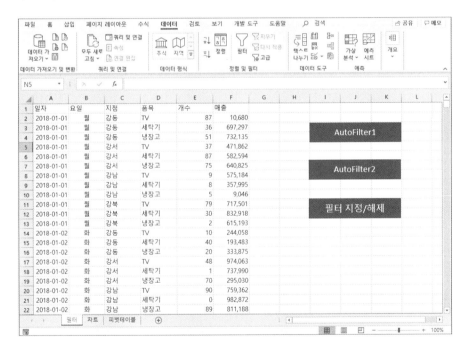

CHAPTER 07 | VBA를 활용해 엑셀 고급 기능 구현하기 / **201**

01 ① [개발 도구] 탭–[코드] 그룹–[매크로 기록]을 클릭합니다. [매크로 기록] 대화상자가 나타나면 ② [확인]을 클릭합니다.

02 ① [A1] 셀을 클릭하고 ② [데이터] 탭–[정렬 및 필터] 그룹–[필터]를 클릭합니다.

03 ① [D1] 셀의 품목 필드명을 클릭하고 ② [냉장고] 항목에 체크 표시한 후 ③ [확인]을 클릭합니다.

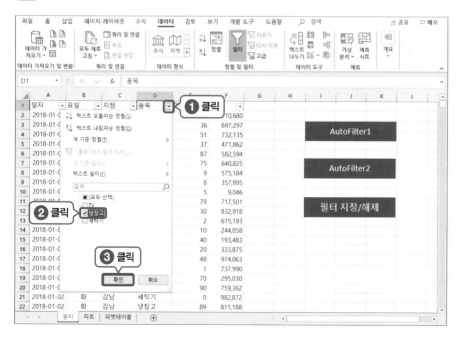

04 [개발 도구] 탭-[코드] 그룹-[기록 중지]를 클릭합니다.

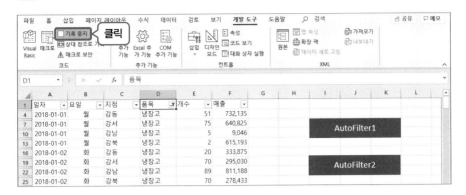

VB 편집기를 열어보면 다음과 같이 '매크로1' 코드가 기록되어 있는 것을 확인할 수 있습니다.

```
Sub 매크로1()
'
' 매크로1 매크로
'

'
    Selection.AutoFilter
    ActiveSheet.Range("$A$1:$F$1081").AutoFilter Field:=4, Criteria1:="냉장고"
End Sub
```

위 코드는 VBA를 사용하여 다음과 같이 단순화할 수 있습니다.

```
Sub AutoFilter1()

    ActiveSheet.Range("A1").AutoFilter Field:=4, Criteria1:="냉장고"

End Sub
```

매크로 기록에서는 전체 데이터베이스 영역인 [A1:F1081] 셀 범위를 지정해주었는데, [AutoFilter1] 프로시저를 살펴보면 알 수 있듯이 VBA 코드에는 **Range("A1")**과 같은 형태로 [A1] 셀만 지정해도 됩니다. [A1] 셀에 적용되면 나머지 데이터 표 범위가 필터로 자동 설정됩니다.

앞 코드의 핵심은 **AutoFilter** 메서드입니다. 엑셀의 자동 필터 기능을 VBA에서는 **AutoFilter** 메서드로 구현합니다. AutoFilter 메서드의 기본 구성은 다음과 같습니다.

```
expression.AutoFilter(Field, Criteria1, Operator, Criteria2, VisibleDropDown)
```

AutoFilter 메서드의 각 구성 요소에 대한 설명은 다음과 같습니다.

구성 요소	내용
expression	필수 요소로 자동 필터가 적용될 대상의 개체입니다.
Field	선택 요소로 필터의 기준값을 적용할 필드(표의 열)의 참조 범위입니다. 목록의 가장 왼쪽부터 1번 필드이며, 예제처럼 Field=4로 입력하면 네 번째 필드를 참조하겠다는 의미입니다.
Criteria1	선택 요소로 설정한 Field에서 찾을 조건(문자열, "101"과 같이 입력)을 입력합니다. 공백값을 찾으려면 =를 입력하고 공백이 아닌 값을 찾으려면 〈 〉를 입력합니다. 지정하지 않으면 찾을 조건은 모든 데이터가 됩니다. Operator가 xlTop10Items면 Criteria1은 항목 번호를 지정합니다(예: "10").
Operator	선택 요소로 'XlAutoFilterOperator' 기능입니다. 단순한 필터 값 외에 다양한 조건으로 필터링할 수 있습니다. 간단히 **Operator=상수**의 형태로 입력할 수 있습니다.
Criteria2	선택 요소로 두 번째 찾을 조건(문자열)입니다. Criteria1과 Operator를 함께 사용하여 복잡한 찾을 조건을 설정합니다.
VisibleDropDown	선택 요소를 **=True**로 설정하면 필터링된 필드에서 자동 필터 드롭다운 아이콘을 표시합니다. **=False**로 설정하면 자동 필터 드롭다운 화살표를 숨깁니다. 생략하면 기본값 **True**가 적용됩니다.

그리고 XlAutoFilterOperator는 다음의 여러 상수 중 하나가 될 수 있습니다.

구성 요소	내용
xlAnd	Criteria1과 Criteria2를 동시에 만족하는 값을 추출합니다.
xlBottom10Items	하위 10위에 해당하는 값을 추출합니다. Criteria1과 조합하여 범위를 조절할 수 있습니다.
xlBottom10Percent	하위 10%에 해당하는 값을 추출합니다. Criteria1과 조합하여 범위를 조절할 수 있습니다.
xlFilterCellColor	만족하는 셀 색을 가진 필드를 추출합니다.
xlFilterFontColor	만족하는 텍스트 색을 가진 필드를 추출합니다.
xlOr	Criteria1 혹은 Criteria2 둘 중 하나라도 만족하는 값을 추출합니다.
xlTop10Items	상위 10위에 해당하는 값을 추출합니다. Criteria1과 조합하여 범위를 조절할 수 있습니다.
xlTop10Percent	상위 10%에 해당하는 값을 추출합니다. Criteria1과 조합하여 범위를 조절할 수 있습니다.

예를 들어 **xlTop10Items** 상수를 활용하면 거래 항목에서 매출 상위 몇 개의 데이터를 추출할 수 있습니다. 다음 [AutoFilter2] 프로시저는 매출액 상위 7위까지 추출하는 프로시저입니다.

```
Sub AutoFilter2()

    ActiveSheet.Range("A1").AutoFilter Field:=6, Criteria1:="7",
Operator:=xlTop10Items
```

```
End Sub
```

위 코드에서 **Criteria1** 값에 **10**을 입력하면 매출 상위 10위 데이터를 추출할 수 있고, **15**를 입력하면 매출 상위 15위의 데이터를 추출할 수 있습니다. 그리고 Operator에 **xlBottom10Items**를 입력하면 매출 하위 데이터를 추출할 수 있습니다. [AutoFilter2] 프로시저는 엑셀 자동 필터 기능에서 다음과 같이 작업한 것과 같습니다.

[숫자 필터]를 사용해 [상위 10] 기능에서 **7**위까지 지정한 것과 동일한 결과가 나타납니다. 매번 필터 목록 단추를 클릭하고 값을 조정해 데이터를 확인할 필요 없이 버튼을 VBA 코드와 간단히 연결해 확인할 수 있습니다.

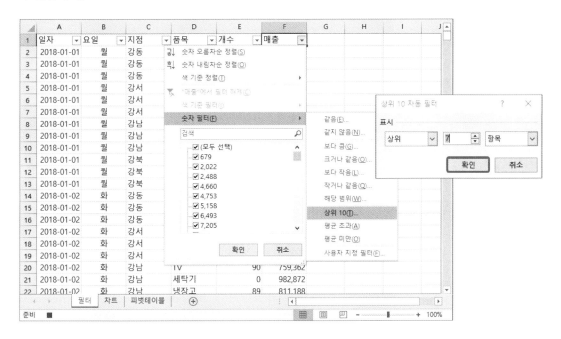

친절한 POINT NOTE · VBA를 이용하여 자동 필터 구현하기

- VBA 코드로 자동 필터 기능을 구현하려면 **AutoFilter** 메서드를 활용합니다. 예를 들어 데이터베이스가 [A1: A100] 셀 범위에 있을 경우 **Range("A1").AutoFilter**와 같이 코드를 작성합니다.

- **AutoFilter** 메서드에서 자주 사용하는 인수는 Field, Criteria1, Operator 등이며, 특히 Operator 인수에서 Top10Items, Bottom10Items 등을 지정해주면 상하위 특정 순위에 대한 데이터를 추출할 수 있습니다.

VBA로 차트 기능 구현하기

예제 파일 CHAPTER 07 \ 01_엑셀 고급 기법.xlsm [차트] 시트
완성 파일 CHAPTER 07 \ 01_엑셀 고급 기법_완성.xlsm [차트] 시트

엑셀에서 차트는 별도의 차트 시트나 워크시트 안에 직접 삽입할 수 있습니다. 먼저 아래의 지역별 매출 자료에서 강동지역의 판매 실적을 별도의 차트 시트에 삽입하는 방법에 대해 알아보겠습니다.

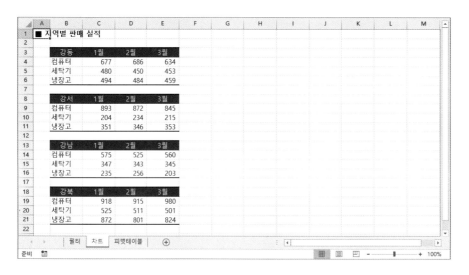

위 데이터에서 '강동'지역 판매 실적이 있는 [B3:E6] 셀 범위의 데이터를 별도의 차트 시트에 세로막대형 차트로 삽입하는 코드는 다음과 같습니다.

```
Sub Chart1()

    Dim Cht As Chart
    Set Cht = Charts.Add

    With Cht
        .ChartType = xlColumnClustered
        .SetSourceData Source:=Worksheets("차트").Range("B3:E6"), PlotBy:=xlRows
        .HasTitle = True
        .ChartTitle.Text = "강동지역 판매실적"

    End With

End Sub
```

먼저 **Dim Cht As Chart**은 Cht 변수를 차트 형태(Chart)의 변수로 선언하고 **Charts.Add**로 새로운 차트를 추가하여 Cht 변수에 담습니다. 이때 **Cht** 변수는 차트 형태의 개체 변수이므로 **Set** 문을 사용하여 지정합니다.

그 다음 **Cht** 변수에 각 속성값을 지정합니다. **차트 형태(ChartType)**는 **누적막대형(xlColumnClustered)**로 지정하고, **차트의 데이터 원본(SetSourceData)**은 [B3:E6] 셀 범위로 지정합니다. **차트 방향(PlotBy)** 속성은 **행 방향(xlRows)**으로 지정합니다. **차트 제목 속성값(HasTitle)**을 **표시(True)**로 지정하고 후 **차트 제목 (ChartTitle.Text)**은 **강동지역 판매실적**으로 지정합니다. 이렇게 작성된 [Chart1] 프로시저를 실행하면 다음과 같이 차트가 생성됩니다.

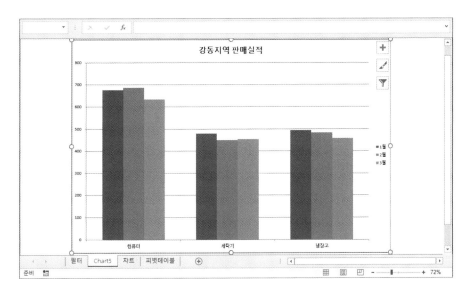

예제에서 차트 속성(ChartType)의 속성값을 누적막대형(xlColumnClustered) 형태로 선언했는데, 다음과 같이 차트 속성(ChartType)에 대한 상수를 다르게 지정하면 해당 차트로 생성할 수 있습니다.

상수	차트 형태(ChartType)에 대한 속성값
xlLine	꺾은선형
xlPie	원형
xlRadar	방사형
xlSurface	3차원 표면형
xlXYScatter	분산형
xl3DArea	3차원 영역형
xl3DColumn	3차원 세로 막대형
xlArea	영역형
xlBubble	거품형
xlDoughnut	도넛형

앞의 [Chart1] 프로시저에서 **ChartType**(차트 속성값)을 **xlLine**(꺾은선형)으로 바꾼 후 실행하면 다음과 같이 꺾은선형 그래프가 자동으로 생성됩니다.

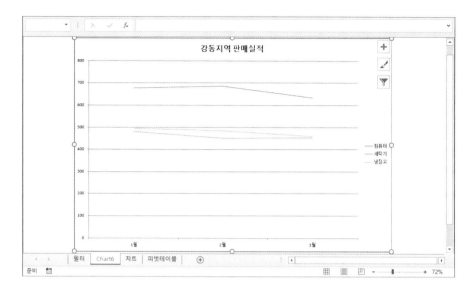

앞의 차트 속성값은 대표적으로 사용하는 차트 형태만 나열한 것입니다. 매크로 기록을 이용해 다양한 차트들을 직접 그려보고 설정도 수정해봅니다. 기록된 코드를 분석해서 직접 파악하는 연습을 해보면 실력을 늘리는 데 훨씬 효과적입니다.

앞의 [Chart1] 프로시저에서 **차트 방향(PlotBy)**을 행 방향(xlRows)으로 지정했는데, 이를 **열 방향 (xlColumns)**으로 지정해보겠습니다. 열 방향(xlColumns)으로 지정한 후 코드를 실행하면 다음과 같이 열 데이터인 컴퓨터, 세탁기, 냉장고 등이 차트의 X축으로 지정되어 표시됩니다.

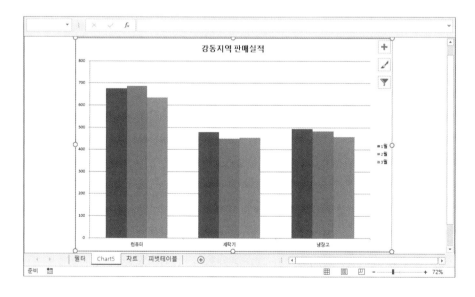

이번에는 데이터가 들어 있는 [차트] 시트에 강동지역 매출 실적 차트를 생성해보겠습니다. 다음 [Chart2] 프로시저는 강동지역 매출 실적 차트를 [차트] 시트에 생성하는 프로시저입니다.

```
Sub Chart2()

    Dim Cht As Chart
    Set Cht = Charts.Add.Location(xlLocationAsObject, "차트")

    With Cht
        .ChartType = xlColumnClustered
        .SetSourceData Source:=Worksheets("차트").Range("B3:E6"), PlotBy:=xlRows
        .HasTitle = True
        .ChartTitle.Text = "강동지역 판매실적"

        With .Parent
            .Top = Range("G5").Top
            .Left = Range("G5").Left
        End With

    End With

End Sub
```

대부분 코드는 [Chart1]과 비슷하지만 두 부분이 다릅니다.

먼저 첫 번째는 **Cht** 변수 지정할 때 차트를 추가하되(Charts.Add) **Location** 메서드를 사용하여 **xlLocationAsObject** 형태로 선언합니다. Location 메서드는 **Location(위치옵션, 시트명)**과 같은 형태로 사용합니다. 차트를 시트에 위치시킬 때는 **Location(xlLocation, "시트명")**과 같이 사용합니다.

두 번째는 **With .Parent~End With** 부분입니다. **Parent** 개체는 **현재 개체의 한 단계 상위 개체**를 가리킬 때 사용합니다. 여기서는 Chart 개체의 한 단계 위인 **ChartObject** 개체를 말합니다. 방금 새로 작성한 차트의 상위 개체, 즉 **ChartObject**의 좌측(Left), 상단(Top) 위치를 각각 [G5] 셀인 **Range("G5")**의 값으로 지정한 것입니다. 따라서 차트를 표시했을 때 좌측 상단의 위치가 [G5] 셀에 위치하게 됩니다.

TIP 차트를 시트에 개체 형태로 삽입할 때 데이터를 나타내는 차트 자체를 Chart 개체라고 생각하고, 차트를 담고 있어 자유롭게 시트에 배치하고 크기를 조절할 수 있게 만드는 개체 틀을 ChartObject라고 생각하면 이해가 쉽습니다.

[Chart2] 프로시저를 실행하면 다음과 같이 현재 시트에 차트가 표시됩니다.

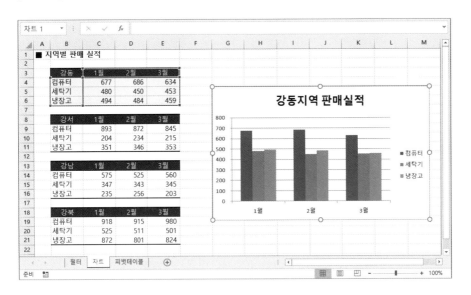

VBA를 사용하여 각 차트의 세부 요소를 설정할 수 있습니다. Chart 개체와 관련된 각 속성, 메서드 등은 차트 그리는 작업을 직접 매크로로 기록해보고 기록된 코드를 분석, 응용해보기 바랍니다.

친절한 POINT NOTE   VBA를 이용해 차트 구현하기

- VBA를 사용하여 별도 시트에 차트를 작성할 때는 **Charts.Add** 구문을 활용합니다. 만일 현재 시트에 차트를 작성 려면 **Charts.Add.Location(xlLocationAsObject, "현재시트명")**과 같이 코드를 구성하면 됩니다.

- 차트 개체 관련한 핵심 속성으로는 **차트 형태(ChartType)**, **차트 원본 데이터(SetSourceData)**, **차트 이름 (ChartTilte)** 등이 있습니다. 각 상황에 맞게 이들 속성값을 적절히 지정하면 됩니다.

VBA로 피벗 테이블 기능 구현하기

예제 파일 CHAPTER 07 \ 01_엑셀 고급 기법.xlsm [피벗테이블] 시트
완성 파일 CHAPTER 07 \ 01_엑셀 고급 기법_완성.xlsm [피벗테이블] 시트

엑셀 VBA를 활용하여 피벗 테이블 기능을 구현할 수 있습니다. 다음과 같은 일별, 지역별, 품목별 매출 데이터를 먼저 매크로 기록으로 피벗 테이블을 만들어보고, 기록된 코드를 변형해 VBA로 구현하겠습 니다.

01 ① [개발 도구] 탭-[코드] 그룹-[매크로 기록]을 클릭합니다. ② [매크로 기록] 대화상자가 나타나면 [확인]을 클릭합니다.

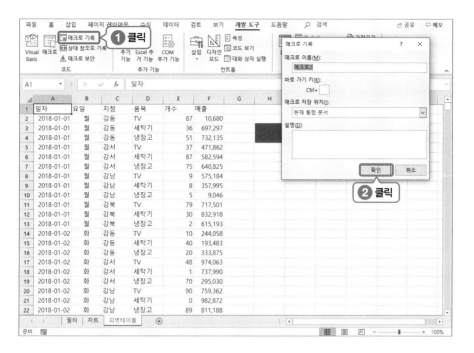

02 ① [A1] 셀을 클릭하고 ② [삽입] 탭-[표] 그룹-[피벗 테이블]을 클릭합니다. ③ [피벗 테이블 만들기] 대화상자의 [피벗 테이블 보고서를 넣을 위치]에 [새 워크시트]를 선택하고 ④ [확인]을 클릭합니다.

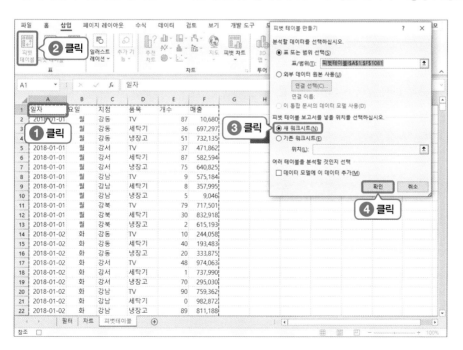

03 [피벗 테이블 필드] 작업 창이 나타나면 필드 목록의 [일자]는 [필터], [품목]은 [열], [지점]은 [행], [매출]은 [값]으로 각각 드래그하여 배치합니다.

04 [개발 도구] 탭-[코드] 그룹-[기록 중지]를 클릭합니다.

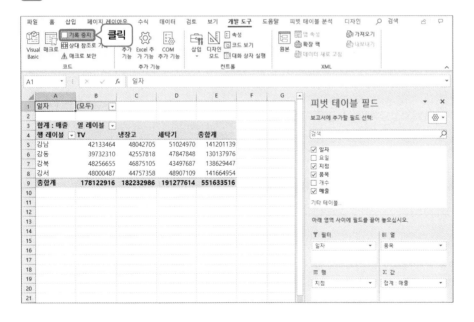

이와 같이 매크로로 기록한 후 VB 편집기를 보면 다음과 같이 [매크로2] 코드가 기록된 것을 확인할 수 있습니다.

```vba
Sub 매크로2()
'
' 매크로2 매크로
'

'
    Sheets.Add
    ActiveWorkbook.PivotCaches.Create(SourceType:=xlDatabase, SourceData:= _
        "피벗 테이블!R1C1:R1081C6", Version:=6).CreatePivotTable TableDestination:= _
        "Sheet13!R3C1", TableName:="피벗 테이블8", DefaultVersion:=6
    Sheets("Sheet13").Select
    Cells(3, 1).Select
    With ActiveSheet.PivotTables("피벗 테이블8")
        .ColumnGrand = True
        .HasAutoFormat = True
        .DisplayErrorString = False
        .DisplayNullString = True
        .EnableDrilldown = True
        .ErrorString = ""
        .MergeLabels = False
        .NullString = ""
        .PageFieldOrder = 2
        .PageFieldWrapCount = 0
        .PreserveFormatting = True
        .RowGrand = True
        .SaveData = True
        .PrintTitles = False
        .RepeatItemsOnEachPrintedPage = True
        .TotalsAnnotation = False
        .CompactRowIndent = 1
        .InGridDropZones = False
        .DisplayFieldCaptions = True
        .DisplayMemberPropertyTooltips = False
        .DisplayContextTooltips = True
        .ShowDrillIndicators = True
        .PrintDrillIndicators = False
        .AllowMultipleFilters = False
        .SortUsingCustomLists = True
```

```
        .FieldListSortAscending = False
        .ShowValuesRow = False
        .CalculatedMembersInFilters = False
        .RowAxisLayout xlCompactRow
    End With
    With ActiveSheet.PivotTables("피벗 테이블8").PivotCache
        .RefreshOnFileOpen = False
        .MissingItemsLimit = xlMissingItemsDefault
    End With
    ActiveSheet.PivotTables("피벗 테이블8").RepeatAllLabels xlRepeatLabels
    With ActiveSheet.PivotTables("피벗 테이블8").PivotFields("일자")
        .Orientation = xlPageField
        .Position = 1
    End With
    With ActiveSheet.PivotTables("피벗 테이블8").PivotFields("지점")
        .Orientation = xlRowField
        .Position = 1
    End With
    With ActiveSheet.PivotTables("피벗 테이블8").PivotFields("품목")
        .Orientation = xlColumnField
        .Position = 1
    End With
    ActiveSheet.PivotTables("피벗 테이블8").AddDataField ActiveSheet.PivotTables( _
        "피벗 테이블8").PivotFields("매출"), "합계 : 매출", xlSum
End Sub
```

매크로 코드는 기록 방법에 따라 약간씩 다르게 나타날 수 있습니다. 이 매크로는 빈 피벗 테이블을 먼저 만들고 행과 열을 채우는 식으로 기록했습니다. 만일 피벗 테이블 마법사 기능으로 피벗 테이블을 만들면 약간 다르게 나타날 수도 있습니다.

[매크로2] 프로시저는 다시 실행하면 오류가 발생합니다. 피벗 테이블을 만들 때는 새 워크시트를 삽입한 후 피벗 테이블을 만드는데, 기록된 코드를 보면 처리구문의 5행에 [Sheet13]이라는 시트를 만드는 것으로 고정되었기 때문입니다(시트 이름은 엑셀 문서 조건마다 다릅니다.).

보통 엑셀에서 새로운 시트가 만들어지면 일련번호가 증가하며 생성됩니다. 하지만 매크로는 이를 감안하지 않고 매크로 기록 시점에 생성된 시트명을 그대로 기록합니다. 이렇게 오류가 날 수 있는 상황을 방지할 수 있도록 보다 체계적으로 코드를 작성해보겠습니다.

```
Sub Pivot1()

    Dim PCache As PivotCache  ──────▶ PCache라는 PivotCache 변수를 선언하라
    Dim PTable As PivotTable  ──────▶ PTable이라는 PivotTable 변수를 선언하라

    Set PCache = ActiveWorkbook.PivotCaches.Add(SourceType:=xlDatabase, SourceData:= _
        Range("a1").CurrentRegion.Address)
    ──────▶ 활성화된 시트의 [A1] 셀에서 데이터 범위를 가져와 PCache 변수에 담아라
    Set PTable = PCache.CreatePivotTable(TableDestination:="", TableName:="피벗 테이
블")
    ──────▶ PCache 함수에 담긴 데이터 범위로 피벗 테이블을 생성되도록 PTable 변수에 담아라


    With PTable  ──────▶ PTable 함수에 담긴 데이터에서
        .PivotFields("일자").Orientation = xlPageField
    ──────▶ 필터(xlPageField)에 "일자" 필드를
        .PivotFields("지점").Orientation = xlColumnField
    ──────▶ 행(xlColumnField)에 "지점" 필드를
        .PivotFields("품목").Orientation = xlRowField
    ──────▶ 열(xlRowField)에 "품목" 필드를
        .PivotFields("매출").Orientation = xlDataField
    ──────▶ 값(xlDataField)에 "매출" 필드를 배치하라
    End With


End Sub
```

TIP PivotCache 개체는 피벗 테이블에 사용할 데이터를 저장하는 공간, PivotTable 개체는 피벗 테이블을 처음 만들 때 나타나는 빈 피벗 테이블로 PivotCache에서 데이터를 가져올 공간을 의미한다고 이해하면 편리합니다.

피벗 테이블을 만들 때는 **PivotCache** 변수와 **PivotTable** 변수로 새 개체 변수를 선언하고 **Set** 구문으로 변수를 정의합니다.

Set 구문에서는 **Add** 메서드를 이용해서 **PivotCache**를 만듭니다. 이 경우 매크로 기록에서 절대 참조로 기록된 셀 범위("피벗 테이블!R1C1:R1081C6")가 아닌 **Range("a1").CurrentRegion.Address**와 같은 식으로 [A1] 셀을 중심으로 데이터가 입력된 셀 범위 전체를 피벗 테이블의 소스 데이터로 지정합니다.

다음 **CreatePivotTable** 메서드를 이용해서 **피벗 테이블**이란 이름의 피벗 테이블을 만듭니다. **TableDestination**은 지정해도 되고, 별도로 지정하지 않을 경우(TableDestination:="") 기본값인 [A1] 셀을 기준으로 피벗 테이블을 만듭니다. 그리고 피벗 테이블에 일자, 지점, 품목, 매출이라는 필

터 필드, 열 필드, 행 필드, 데이터 필드를 설정합니다. 여기서 PivotFields("일자"), PivotFields("지점"), PivotFields("품목"), PivotFields("매출") 대신 PivotFields(1), PivotFields(2), PivotFields(3), PivotFields(5)와 같은 식으로 필드 항목을 직접 입력해도 됩니다.

[Pivot1] 프로시저의 코드를 보면 기록한 [매크로2] 프로시저보다 훨씬 단순하고 이해하기도 쉽게 되어 있습니다. 실행하면 다음과 같은 형태의 피벗 테이블을 만들 수 있습니다.

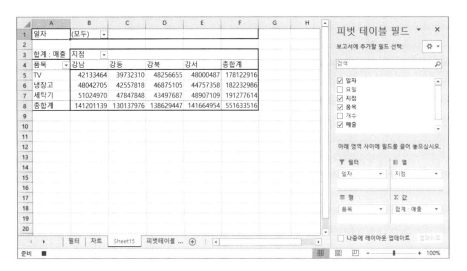

- VBA에서 피벗 테이블을 만들 때는 현재 파일(ActiveWorkbook)에 PivotCache를 추가(PivotCache.Add)하고 CreatePivotTable 메서드를 이용하여 새로 추가한 PivotCache에 PivotTable을 만듭니다.

- PivotTable 개체에 각 PivotFields의 Orientation 속성을 각각 필터, 행, 열, 값 등으로 지정합니다.

VBA로 필터 기능 구현하기

본격 실습

VBA에서 **AutoFilter** 메서드를 활용하면 일자별로 정리된 매출 데이터에서 두 날짜 사이의 값을 추출하는 프로시저를 만들 수 있습니다.

STEP 01 두 날짜 사이의 값 필터링하기

예제 파일 CHAPTER 07\02_AutoFilter.xlsm
완성 파일 CHAPTER 07\02_AutoFilter_완성.xlsm

다음 [AutoFilter3] 프로시저는 일자별로 정리된 데이터에서 2018년 2월 1일부터 2월 5일까지의 데이터를 자동으로 추출하는 프로시저입니다.

```
Sub AutoFilter3()

    ActiveSheet.Range("A1").AutoFilter Field:=1, Criteria1:=">=2018-02-01", _
        Operator:=xlAnd, Criteria2:="<=2018-02-05"

End Sub
```

위 프로시저를 실행하면 다음과 같이 2월 1일부터 2월 5일까지의 매출 데이터가 추출됩니다.

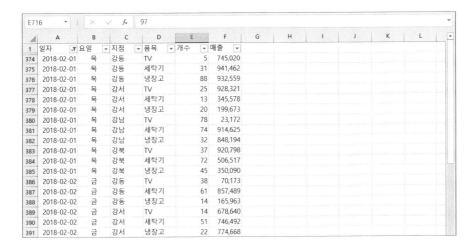

코드를 보면 **AutoFilter** 메서드에서 일자에 해당하는 Field:=1의 조건인 **Criteria1, Criteria2** 값을 각각 시작일보다 크고 종료일보다 작다는 식으로 지정하고 **Operator**는 **xlAnd**로 지정해주었습니다. 여기서 **xlAnd**는 두 조건을 동시에 만족하는 것을 의미합니다.

이번에는 [AutoFilter3] 프로시저를 조금 더 응용하여 시작일과 종료일을 InputBox로 입력받고 해당날짜 사이의 데이터를 추출하는 프로시저를 작성해보겠습니다. 코드는 다음과 같습니다.

```
Sub AutoFilter4()

Dim StartDate, EndDate As String

StartDate = InputBox("시작일을 입력해 주세요", "시작일 입력", "2018-02-01")
EndDate = InputBox("종료일을 입력해 주세요", "종료일 입력", "2018-02-05")

    ActiveSheet.Range("A1").AutoFilter Field:=1, Criteria1:=">=" & StartDate, _
        Operator:=xlAnd, Criteria2:="<=" & EndDate

End Sub
```

먼저 **StartDate, EndDate** 변수를 문자열 형태(String)로 선언합니다. 다음 **InputBox**를 이용하여 **StartDate, EndDate** 값을 받습니다. 이 경우 주의할 점은 두 변수를 모두 날짜 형식이 아닌 문자열 형식으로 지정한다는 것입니다. **AutoFilter** 메서드에서 **Criteria1, Criteria2**는 모두 문자열로 값을 입력받기 때문입니다. **InputBox**를 통해 변수를 입력받는 것을 제외하고 나머지 코드는 모두 [AutoFilter3] 프로시저와 동일하게 처리하면 됩니다.

STEP 02 　VBA로 고급 필터 구현하기

예제 파일 CHAPTER 07 \ 03_AdvancedFilter.xlsm
완성 파일 CHAPTER 07 \ 03_AdvancedFilter_완성.xlsm

이번에는 고급 필터 기능을 VBA로 구현해보겠습니다. 고급 필터는 필터링 조건을 별도의 표에 미리 지정하고 해당 조건에 만족하는 데이터를 별도의 표에 추출합니다. 다음은 고급 필터 기능을 이용해 매출 자료에서 지점명이 **강동**이며, 품목이 **TV**인 항목만을 추출해보겠습니다.

01 [H5:M6] 셀 범위에 고급 필터를 적용할 양식을 다음과 같이 미리 작성합니다. 원본 데이터와 동일하게 필드명을 입력하고 [J6], [K6] 셀에 조건값인 **강동**, **TV**를 각각 입력합니다.

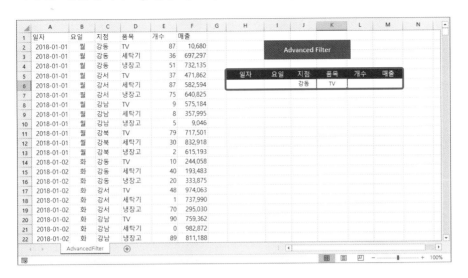

02 ① [A1] 셀을 클릭합니다. ② [데이터] 탭-[정렬 및 필터] 그룹-[고급]을 클릭합니다. [고급 필터] 대화상자에서 ③ [다른 장소에 복사]를 선택합니다. ④ [목록 범위]에 [A1:F1081], [조건 범위]에 [H5:M6] 범위, [복사 위치]에 [H8] 셀을 각각 지정하고 ⑤ [확인]을 클릭합니다.

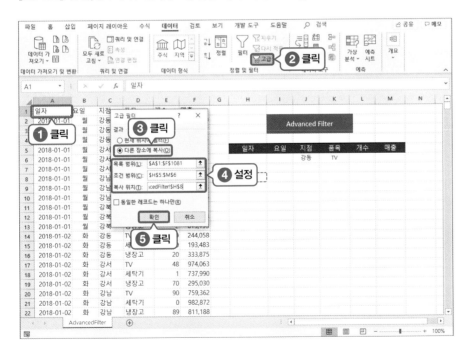

03 고급 필터 기능으로 다음과 같이 지점이 '강동'이면서 품목이 'TV'인 데이터만 추출했습니다.

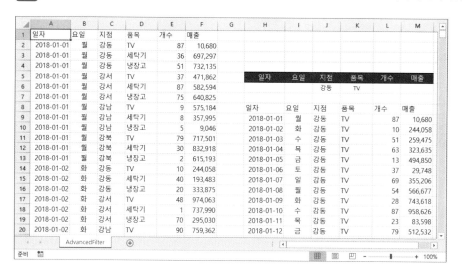

고급 필터 기능을 활용하면 특정 조건에 만족하는 값을 별도의 표로 추출할 수 있습니다. 이를 VBA 프로시저 형태로 구현하면 다음과 같습니다.

```
Sub AdvancedFilter()

    Dim MyDatabase, MyCriteria, MyTarget As Range

    Set MyDatabase = ActiveSheet.Range("A1:F1081")
    Set MyCriteria = ActiveSheet.Range("H5:M6")
    Set MyTarget = ActiveSheet.Range("H8")

    MyDatabase.AdvancedFilter Action:=xlFilterCopy, CriteriaRange:=MyCriteria, _
        CopyToRange:=MyTarget

End Sub
```

코드의 구조는 다음과 같습니다. 먼저 **MyDatabase, MyCriteria, MyTarget**을 **Range** 형태 변수로 선언합니다. 그 다음 MyData는 [A1:F1081] 셀 범위, MyCriteria는 [H5:M6] 셀 범위, MyTarget는 [H8] 셀을 지정합니다. 각 변수는 Range라는 개체 형태의 변수이기 때문에 **Set 문**을 사용하여 지정합니다.

그 다음은 **AdvancedFilter** 메서드를 활용하여 **MyDatabase**에 고급 필터를 적용하되, 조건 범위(Criteria Range)와 복사 위치(CopyToRange)를 각각 **MyCriteria**와 **MyTarget** 변숫값으로 지정해줍니다.

AdvancedFilter 메서드의 기본 구문은 다음과 같습니다.

```
expression.AdvancedFilter(Action, CriteriaRange, CopyToRange, Unique)
```

AdvancedFilter 메서드의 각 구성 요소에 대한 설명은 다음과 같습니다.

구성 요소	내용
Expression	필수 요소로서 적용 대상 목록의 개체 중 하나를 반환하는 식입니다.
Action	필수 요소로서 XlFilterAction입니다.
CriteriaRange	선택 요소로서 Variant 형식입니다. 찾을 조건 범위입니다. 지정하지 않으면 찾을 조건이 사용되지 않습니다.
CopyToRange	선택 요소로서 Variant 형식입니다. Action 인수가 xlFilterCopy로 지정되어 있는 경우 행을 복사해 넣을 대상 범위입니다. 그렇지 않으면 무시됩니다.
Unique	선택 요소로서 Variant 형식입니다. True이면 고유한 레코드만 필터링합니다. 기본값은 False입니다.

이와 같은 식으로 AdvancedFilter 메서드를 이용해서 고급 필터의 작업 과정을 VBA로 구현할 수 있습니다.

VBA로 차트 기능 구현하기

대화상자에 셀 범위를 선택하면 해당 영역을 차트로 그려주는 프로시저를 만들어보겠습니다.

STEP 01 셀 범위 직접 선택해 차트로 만드는 코드 구현하기

예제 파일 CHAPTER 07\04_RangeChart.xlsm
완성 파일 CHAPTER 07\04_RangeChart_완성.xlsm

완성 파일의 [RangeChart] 프로시저를 실행하면 해당 영역을 선택하라는 대화상자가 나타납니다. 여기서 특정 셀 범위를 선택하면 해당 영역의 차트가 자동으로 그려집니다.

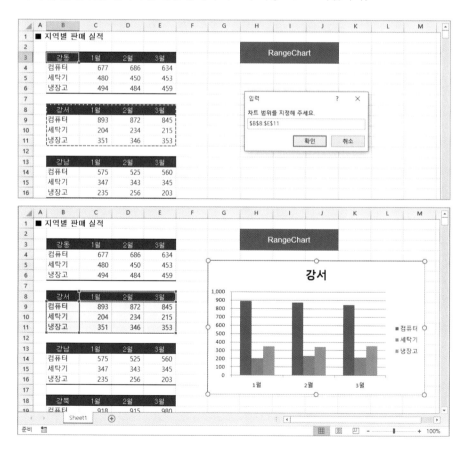

InputBox로 셀 범위를 입력받아 누적막대형 차트로 나타내는 프로시저입니다. 코드는 다음과 같습니다.

```
Sub RangeChart()

    Dim Rng As Range

    Set Rng = Application.InputBox(prompt:="차트 범위를 지정해 주세요.", Type:=8)

    With Charts.Add.Location(xlLocationAsObject, "Sheet1")
        .ChartType = xlColumnClustered
        .SetSourceData Source:=Rng, PlotBy:=xlRows
        .HasTitle = True
        .ChartTitle.Text = Rng.Resize(1, 1).Value

        With .Parent
            .Top = Range("G5").Top
            .Left = Range("G5").Left
        End With

    End With

End Sub
```

우선 **Rng** 변수를 Range 형태의 개체 변수로 선언합니다. 다음으로 **InputBox**를 이용해 차트 범위를 입력받아 **Rng** 변수에 담습니다. 이 경우 Rng 변수는 개체 변수이므로 Set 문을 사용하여 변수를 지정합니다. 나머지 코드 부분은 앞에서 설명한 차트 VBA 코드와 동일합니다.

유의할 점은 다음 부분입니다. 차트의 원본 데이터를 지정하는(SetSourceData) 부분에서 InputBox로 입력받은 셀 범위를 **Rng** 변수로 지정한 것입니다.

```
.SetSourceData Source:=Rng, PlotBy:=xlRows
```

차트의 제목은 **Resize** 속성을 활용하여 지정했습니다. **Rng** 영역에서 **Resize(1, 1)**은 첫 번째 행, 첫 번째 열을 의미합니다. 만약 Rng 영역을 **[B8:E11]** 셀 범위로 지정했다면 **Rng.Resize(1, 1).Value**는 [B8] 셀 값인 '강서'가 됩니다.

```
.ChartTitle.Text = Rng.Resize(1, 1).Value
```

마지막으로 InputBox의 **Type** 인수를 8로 지정하면 셀 범위를 입력받습니다. InputBox의 Type은 0, 1, 2, 4, 8로 지정할 수 있는데 각각 수식, 숫자, 텍스트, 논릿값(True 또는 False), Range 개체입니다.

STEP 02 목록을 선택하면 자동으로 변하는 차트 만들기

예제 파일 CHAPTER 07\05_ComboChart.xlsm
완성 파일 CHAPTER 07\05_ComboChart_완성.xlsm

지역별 매출 자료에서 해당 지역을 선택하면 지역의 차트가 표시되도록 만들어보겠습니다.

예제 파일의 [G3] 셀에 삽입된 목록에서 지역을 선택하면 해당 차트가 자동으로 표시되고 차트 제목도 'OO지역 판매실적'이라고 자동으로 변경됩니다. [유효성 검사] 기능의 목록을 이용하여 [G3] 셀에서 **강동, 강서, 강남, 강북**을 선택할 수 있도록 설정하고, 각 원본 테이블이 있는 셀 범위는 [이름 정의] 기능을 이용하여 각각 강동, 강서, 강남, 강북이란 이름으로 정의하겠습니다. 그리고 마지막에는 이름 정의된 범위와 [G3] 셀의 지역명 목록을 활용하여 차트가 자동으로 바뀌도록 VBA 코드로 구현해보겠습니다.

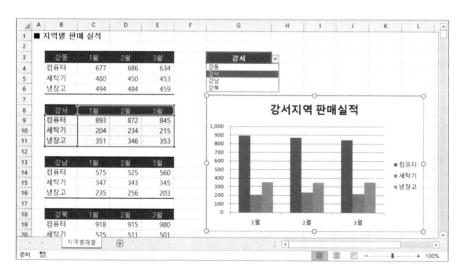

01 ① [G3] 셀을 클릭합니다. ② [데이터] 탭-[데이터 도구] 그룹-[데이터 유효성 검사]를 클릭합니다. [데이터 유효성] 대화상자의 ③ [제한대상]은 [목록]을 선택하고 ④ [원본]에는 **강동, 강서, 강남, 강북**을 입력한 후 ⑤ [확인]을 클릭합니다.

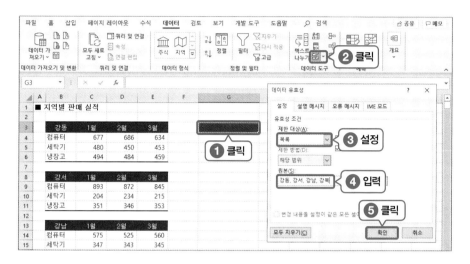

02 ① [B3:E6] 셀 범위를 선택합니다. ② [수식] 탭-[정의된 이름] 그룹-[이름 정의]를 클릭합니다. [새 이름] 대화상자에서 ③ [이름]에 **강동**을 입력하고 ④ [확인]을 클릭해 셀 범위를 이름으로 정의합니다. ⑤ 동일한 방식으로 [B8:E11], [B13:E16], [B18:E21] 셀 범위를 각각 **강서, 강남, 강북**으로 이름 정의합니다.

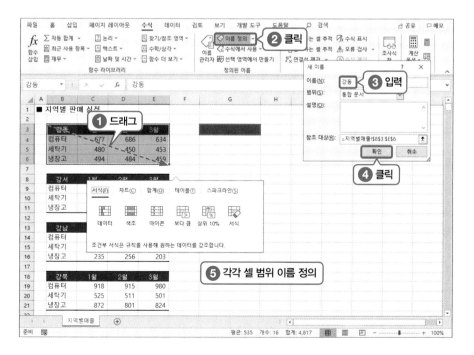

03 ① Alt + F11 을 눌러 VB 편집기를 엽니다. ② [프로젝트 탐색기] 창에서 [Sheet1(지역별매출)]을
더블클릭합니다. ③ [코드] 창의 좌측 상단에 있는 목록에서 [Worksheet]를 선택하고, ④ 우측 상단의
목록에서 [Change]를 선택합니다. ⑤ 그러면 자동으로 아래 그림처럼 코드가 작성됩니다.

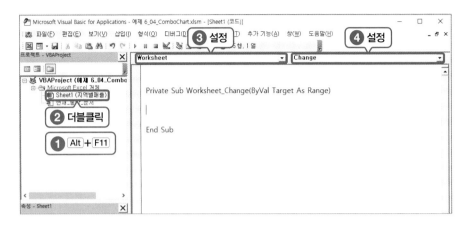

TIP 이 예제는 모듈을 따로 만들어 작성하는 것이 아니라 현재 시트에 해당하는 [Sheet1(지역별매출)]에 코드를 작성합니다.

04 ① VB 편집기의 [코드] 창에 다음과 같이 코드를 작성합니다. 예제 파일의 텍스트 파일을 이용하
여 복사한 후 붙여 넣어도 됩니다. ② VB 편집기를 닫습니다.

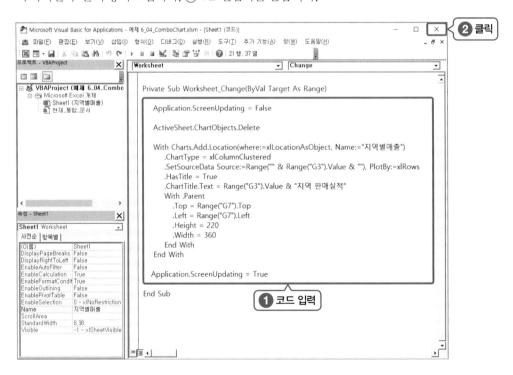

05 ① [G3] 셀의 목록상자에서 [강북]을 선택하면 다음과 같이 ② 강북지역 판매실적 차트가 나타납니다. 여기서 주의할 점은 코드가 자체적으로 기존 차트를 지우고 새로 차트를 만드는 방식이기 때문에 차트를 지우고 코드를 실행시키면 오류가 발생합니다. 따라서 이 방법을 응용하려면 차트를 삽입한 후 실행합니다.

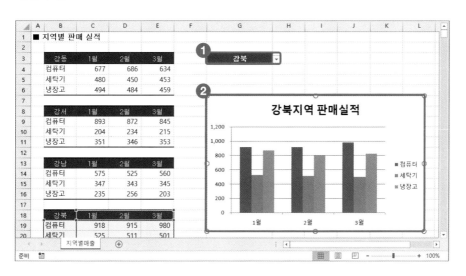

목록에서 데이터를 선택해 차트의 내용이 바뀌는 프로시저는 다음과 같습니다.

```
Private Sub Worksheet_Change(ByVal Target As Range)

    Application.ScreenUpdating = False

    ActiveSheet.ChartObjects.Delete

    With Charts.Add.Location(where:=xlLocationAsObject, Name:="지역별매출")
        .ChartType = xlColumnClustered
        .SetSourceData Source:=Range("" & Range("G3").Value & ""), PlotBy:=xlRows
        .HasTitle = True
        .ChartTitle.Text = Range("G3").Value & "지역 판매실적"
        With .Parent
            .Top = Range("G7").Top
            .Left = Range("G7").Left
            .Height = 220
```

```
            .Width = 360
        End With
    End With


    Application.ScreenUpdating = True


End Sub
```

보통 VB 편집기에서 코드를 작성할 때는 새로 모듈을 생성하고 코드를 작성합니다. 하지만 이 경우 는 해당 시트의 모듈(Sheet1(지역별매출))에 직접 코드를 작성했습니다. 그리고 프로시저 이름도 'Sub 프로젝트명'과 같이 직접 입력한 것이 아니라, VB 편집기 기능을 이용해 **Private Sub Worksheet_ Change(ByVal Target As Range)**와 같은 코드가 직접 입력되도록 했습니다. 이와 같은 프로시저를 이벤 트 프로시저라고 합니다.

이 예제에서는 이벤트 프로시저 중 **Worksheet_Change**를 사용했습니다. 쉽게 말해 [Sheet1(지역별매 출)] 시트의 특정 내용이 바뀔 때마다(**Change**) 프로시저가 자동으로 실행되는 것입니다. 그래서 [G3] 셀 의 값이 바뀌는 '이벤트'가 발생할 때마다 프로시저가 실행되어 기존 차트를 지우고 새로운 차트를 자동 으로 만드는 것입니다.

코드를 보면 처리구문 첫 줄에 다음과 같은 구문이 있습니다.

```
 Application.ScreenUpdating = False
```

VBA 코드를 실행하면 단계별로 작업이 진행되어 실시간으로 화면이 업데이트되며 바뀌는 것을 볼 수 있 습니다. 이 구문은 VBA 코드가 실행될 때 화면이 업데이트 되는 것을(**Application.ScreenUpdating**) 막 는(**False**)다는 의미입니다. 만일 이 구문을 삽입하지 않으면(프로시저의 화면 업데이트 기본값은 True입 니다.) VBA가 차트를 새로 그리는 작업을 엑셀 시트가 변경되는 이벤트로 인식해 코드가 무한 반복되며 에러가 발생합니다.

이벤트 프로시저에서는 이러한 오류를 방지하기 위해 해당 구문을 처리구문 가장 첫 줄에 삽입합니 다. 그리고 작업이 끝난 후에는 작업한 내용을 화면에 보여주기 위해 처리구문 맨 아래에 **Application. ScreenUpdating = True**라는 구문을 추가해주는 것입니다.

나머지 코드는 앞에서 설명한 차트를 작성하는 코드와 대부분 유사합니다. 한 가지 다른 점은 워크시트에 서 [이름 정의] 기능을 이용하여 각 데이터의 셀 범위를 '강동', '강서', '강남', '강북'이란 이름으로 정의했 습니다. 이 이름이 목록이 있는 [G3] 셀의 값과 동일하다는 것에 착안하여 차트의 원본 데이터를 지정하 는 SetSourceData를 **Range("G3").Value**로 처리했습니다.

```
.SetSourceData Source:=Range("" & Range("G3").Value & "")
```

예를 들어 [G3] 셀의 값이 **강북**으로 바뀌면 Range("G3").Value의 값은 자동으로 '강북'이 되고, 해당 코드는 아래와 동일하게 인식될 것입니다.

```
.SetSourceData Source:=Range("강북")
```

VBA에서 Range("강북")은 '강북'이라고 이름 정의된 셀 범위를 의미하므로 미리 정의한 [B18:E21] 셀 범위를 반영하는 것입니다.

VBA로 피벗 테이블 기능 구현하기

본격 실습

원리 이해에서 피벗 테이블을 VBA로 구현하는 기본적인 내용에 대해 알아보았습니다. 이번에는 이를 좀 더 응용하여 피벗 테이블을 생성하는 VBA 코드를 알아보겠습니다.

STEP 01 수식이 들어가는 피벗 테이블 만들기

예제 파일 CHAPTER 07\06_응용피벗.xlsm
완성 파일 CHAPTER 07\06_응용피벗_완성.xlsm

지역별, 품목별 매출과 개수 합계를 각각 구하고 단가(=매출/개수)를 표시하는 [Pivot2] 프로시저를 만들어보겠습니다. 먼저 프로시저 실행 결과는 다음과 같습니다.

▲ 원본 데이터

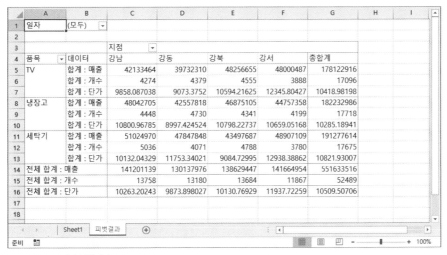

	A	B	C	D	E	F	G	H	I
1	일자	(모두)							
2									
3			지점						
4	품목	데이터	강남	강동	강북	강서	총합계		
5	TV	합계 : 매출	42133464	39732310	48256655	48000487	178122916		
6		합계 : 개수	4274	4379	4555	3888	17096		
7		합계 : 단가	9858.087038	9073.3752	10594.21625	12345.80427	10418.98198		
8	냉장고	합계 : 매출	48042705	42557818	46875105	44757358	182232986		
9		합계 : 개수	4448	4730	4341	4199	17718		
10		합계 : 단가	10800.96785	8997.424524	10798.22737	10659.05168	10285.18941		
11	세탁기	합계 : 매출	51024970	47847848	43497687	48907109	191277614		
12		합계 : 개수	5036	4071	4788	3780	17675		
13		합계 : 단가	10132.04329	11753.34021	9084.72995	12938.38862	10821.93007		
14	전체 합계 : 매출		141201139	130137976	138629447	141664954	551633516		
15	전체 합계 : 개수		13758	13180	13684	11867	52489		
16	전체 합계 : 단가		10263.20243	9873.898027	10130.76929	11937.72259	10509.50706		
17									
18									

▲ Pivot2 프로시저 실행 결과

참고로 이 프로시저는 [피벗결과]라는 빈 시트를 먼저 추가한 상태에서 실행해야 합니다. [Pivot2] 프로시저의 코드는 다음과 같습니다.

```
Sub Pivot2()

    Dim PCache As PivotCache
    Dim PTable As PivotTable

    Set PCache = ActiveWorkbook.PivotCaches.Add(SourceType:=xlDatabase, SourceData:= _
        Range("a1").CurrentRegion.Address)

    Set PTable = PCache.CreatePivotTable(TableDestination:=Worksheets("피벗결과").
Range("a1"))

    With PTable
        .PivotFields("일자").Orientation = xlPageField
        .PivotFields("지점").Orientation = xlColumnField
        .PivotFields("품목").Orientation = xlRowField
        .PivotFields("매출").Orientation = xlDataField
        .PivotFields("개수").Orientation = xlDataField

        .CalculatedFields.Add "단가", "매출/개수"
```

```
    .PivotFields("단가").Orientation = xlDataField

  End With

End Sub
```

[Pivot2] 프로시저는 원리 이해에서 설명했던 [Pivot1] 프로시저와 구조가 비슷합니다. 먼저 **PCache,** **PTable** 변수를 각각 **PivotCache, PivotTable** 형태로 선언합니다. 원본 데이터가 있는 영역 **(Range("A1").** **CurrentRegion)**을 PivotCache에 할당하고, PivotTable을 [피벗결과] 시트의 [A1] 셀에 해당하는 **(Worksheets("피벗결과").Range("a1"))**에 피벗 테이블(CreatePivotTable)을 만들어 **PTable** 변수에 담습니다.

그 다음 일자, 지점, 품목이라는 피벗필드(PivotFields)를 각각 페이지, 열, 행 필드에 배치하고, 매출, 개수라는 피벗필드는 데이터 필드에 배치합니다. 여기까지는 앞의 원리 이해에서 설명한 [Pivot1] 프로시저와 유사합니다. 다만 아래 두 줄의 코드가 다른 부분입니다.

```
  .CalculatedFields.Add "단가", "매출/개수"
  .PivotFields("단가").Orientation = xlDataField
```

단가라는 계산 필드 부분이 추가된 것입니다. 피벗 테이블에 **CalculatedFields.Add "단가", "매출/개수"**라고 코드를 작성해 **'매출/개수'**의 계산값을 담은 **단가** 필드를 만든 후 '단가'라는 피벗필드를 데이터 영역에 배치했습니다.

STEP 02 피벗 테이블로 설문지 분석하기

예제 파일 CHAPTER 07\07_멀티피벗.xlsm
완성 파일 CHAPTER 07\07_멀티피벗_완성.xlsm

이번에는 다중 피벗 테이블 코드를 응용해 설문 결과를 항목별로 표현하는 방법에 대해 알아보겠습니다. 예를 들어 20명의 사람들을 대상으로 청결도, 맛, 서비스, 가격이라는 항목에 대해 5점 만점의 식당 사용 행태를 설문조사한 집계표가 다음과 같다고 가정해보겠습니다.

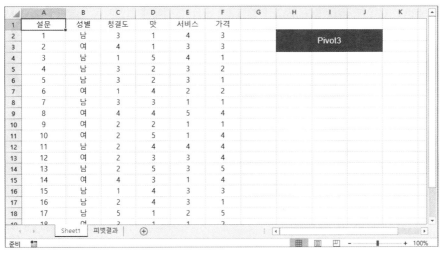

▲ 원본 데이터

이 데이터를 기초로 설문조사에 대한 결과를 피벗 테이블로 구현한 것이 [Pivot3] 프로시저입니다. 프로시저를 실행하면 [피벗결과] 시트에 다중 피벗 테이블 형태로 설문결과 분석이 자동으로 이루어집니다. [Pivot3] 프로시저 실행 결과는 다음과 같습니다.

	A	B	C	D	E	F	G
1		성별 ▼	데이터				
2		남		여		전체 빈도	전체 비율
3	청결도 ▼	빈도	비율	빈도	비율		
4	매우 불만	2	3.64%	1	1.82%	3	5.45%
5	불만	6	10.91%	6	10.91%	12	21.82%
6	보통	15	27.27%	3	5.45%	18	32.73%
7	만족		0.00%	12	21.82%	12	21.82%
8	매우 만족	5	9.09%	5	9.09%	10	18.18%
9	총합계	28	50.91%	27	49.09%	55	100.00%
10							
11		성별 ▼	데이터				
12		남		여		전체 빈도	전체 비율
13	맛 ▼	빈도	비율	빈도	비율		
14	매우 불만	2	3.39%	2	3.39%	4	6.78%
15	불만	6	10.17%	2	3.39%	8	13.56%
16	보통	3	5.08%	9	15.25%	12	20.34%
17	만족	12	20.34%	8	13.56%	20	33.90%
18	매우 만족	10	16.95%	5	8.47%	15	25.42%
19	총합계	33	55.93%	26	44.07%	59	100.00%

▲ Pivot3 프로시저 실행 결과

청결도, 맛, 서비스, 가격 등 네 개 항목에 대해 남녀가 평가한 평가 척도별 빈도와 비율이 각각의 피벗 테이블로 생성되어 총 네 개의 피벗 테이블이 만들어집니다. 코드는 다음과 같습니다.

```
Sub Pivot3()

    Dim PCache As PivotCache
    Dim PTable As PivotTable
```

```
Dim Question As String
Dim i As Integer
Dim j As Integer



Set PCache = ActiveWorkbook.PivotCaches.Add(SourceType:=xlDatabase, SourceData:= _
    Worksheets("Sheet1").Range("a1").CurrentRegion.Address)



i = 1
For j = 1 To 4
    Question = Worksheets("Sheet1").Cells(1, j + 2)
    Set PTable = PCache.CreatePivotTable _
        (TableDestination:=Worksheets("피벗결과").Cells(i, 1), _
        TableName:=Question)
i = i + 10

With PTable.PivotFields(Question)
    .Orientation = xlDataField
    .Name = "빈도"
End With

With PTable.PivotFields(Question)
    .Orientation = xlDataField
    .Name = "비율"
    .Calculation = xlPercentOfTotal
End With

With PTable
    .AddFields RowFields:=Array(Question, "data")
    .PivotFields("성별").Orientation = xlColumnField
    .PivotFields("data").Orientation = xlColumnField
End With

Next j

With Worksheets("피벗결과").Range("A:A")
```

```
        .Replace "1", "매우 불만"

        .Replace "2", "불만"

        .Replace "3", "보통"

        .Replace "4", "만족"

        .Replace "5", "매우 만족"

        .Parent.Range("A:G").EntireColumn.AutoFit

    End With


End Sub
```

청결도, 맛, 서비스, 가격이라는 각 설문 문항에 대한 결과를 **For~Next** 순환문을 사용해 각각의 피벗 테이블로 만들도록 했습니다. 각 항목에 대한 분석 결과로 '빈도'와 '비율'이라는 데이터 필드를 넣어줍니다. '성별'과 'data' 필드는 **배열(Array)**을 사용해 각 척도를 만족, 매우 만족이라는 값으로 바꿔줍니다. 마지막 부분에 점수의 값을 각 척도에 해당하는 값으로 바꿔주는 부분은 다음과 같이 VBA 함수 **Replace**를 사용하면 됩니다.

```
With Worksheets("피벗결과").Range("A:A")

        .Replace "1", "매우 불만"

        .Replace "2", "불만"

        .Replace "3", "보통"

        .Replace "4", "만족"

        .Replace "5", "매우 만족"

        .Parent.Range("A:G").EntireColumn.AutoFit

    End With
```

End With 바로 위의 **.Parent.Range("A:G").EntireColumn.AutoFit** 구문은 [A:G] 열 범위의 너비를 자동으로 조절하라는 의미입니다. **Parent** 개체는 앞의 **With Worksheets("피벗결과").Range("A:A")** 구문이 있는 상태에서 **Range("A:G").EntireColumn.AutoFit**라고 입력할 경우 **Range("A:A").Range("A:G")**와 같이 인식되어 오류를 일으킵니다. 따라서 **Parent** 개체를 사용해서 **Activesheet**에 해당하는 개체로 바꿔주었습니다. 즉, With를 빼고 전체 문장을 적으면 다음과 같습니다.

```
Worksheets("피벗결과").Range("A:A").Parent.Range("A:G").EntireColumn.AutoFit
```

이 문장에서 **Worksheets("피벗결과").Range("A:A").Parent** 부분은 **Activesheet**로 대체될 수 있습니다.

핵심 실무 학습 혼자 해보기

예제 및 완성 파일 CHAPTER 07 \ 학습점검.xlsm, 학습점검_완성.xlsm

01 다음 자료에서 매출 기준 상위 5개의 거래만 필터로 추출하는 [자동 필터]라는 프로시저를 작성합니다.

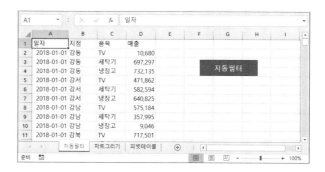

02 [B3:E6] 셀 범위를 원본 데이터로 하여 누적막대형 차트를 자동으로 그리는 [차트만들기] 프로시저를 작성합니다. 차트는 행 방향으로 그리되, 차트 제목은 **월별매출**, 차트 위치는 [B8] 셀에 차트의 우측 상단이 위치하도록 설정합니다.

03 다음 자료에서 지점별, 품목별 매출 합계를 피벗 테이블로 생성하는 [피벗 테이블] 프로시저를 작성합니다. 표에서 일자, 지점, 품목, 매출은 각각 페이지 필드, 열 필드, 행 필드, 데이터 필드로 지정합니다.

찾아보기

찾아보기

찾아보기